융합형 인재를 위한 이공계 영단어
STEM VOCA 900

융합형 인재를 위한 이공계 영단어
STEM VOCA 900

초판1쇄 인쇄 2017년 1월 25일
초판1쇄 발행 2017년 1월 30일

지은이 전창훈
펴낸이 엄경희
펴낸곳 서프라이즈
주소 서울 마포구 마포대로 15, 1113호
전화 02-719-9758 팩스 02-719-9768
이메일 books4u@naver.com
등록 제313-2003-00382호

ⓒ2017 전창훈

이 책은 도서출판 서프라이즈가 저작권자와의 계약에 따라
발행한 것이므로 본사의 허락 없이는 이 책의 내용을 어떠한
형태나 수단으로도 이용하지 못합니다.

ISBN 978-89-92473-15-6 13740

책값은 뒤표지에 있습니다.

PREFACE

융합형 창의 인재를 위하여!

이공계 학생을 위해 이공계 필자가 쓴 이공계 영단어

현대 학문은 분야를 막론하고 용어의 뜻을 정확히 이해하면 반은 끝낸 것이나 다름 없다. 전문용어는 한 단어에 여러 가지 함축된 의미와 고유한 특성을 담고 있으므로 단순 암기를 벗어나 유사한 용어들과의 비교도 필요하다. 이 책은 STEM (Science-Technology-Engineering-Mathematics) 영단어 책으로, 순수과학과 공학 계열을 두루 망라한 이공계 대학생들의 영어 전공서적 독해를 도와주는 책이다. 원서를 볼 때 전문용어를 모르면 여러 번 사전을 찾아보게 되어 독해 시간이 길어지는 것은 물론 전체 내용을 파악하는 데에도 어려움을 겪게 되는데, 이 책은 영단어의 정확한 의미를 설명하여 전공 원서 공부에 속도감을 낼 수 있도록 해준다.

기본적이며 필수적인 900여 개의 이공계 영단어

이 책에는 대학 학부 수준의, 기본적이고도 필수적인 이공계 전문용어들이 주제별로 20개의 장에 걸쳐 소개되어 있다. 한글 용어로는 익숙하지만 영어 용어로는 다소 헷갈릴 수 있는, 쉬운 단어들도 들어 있다. 각 장은 30~50개 정도의 표제어를 포함하며, 표제어마다 똑떨어지는 우리말 뜻과 쉽고 간결한 예문이 달려 있다. 많은 경우 예문은 표제어 자체를 설명하는 문장이어서 더욱 빠르고 정확하게 어휘를 익힐 수 있다. 각 장에는

Precheck가 있어 어휘를 미리 확인하며 학습 내용을 가늠해 볼 수 있고, 학습 후에는 Exercise를 통해 주요 표제어를 빈칸에 써넣으며 복습할 수 있다. 특히 Exercise는 표제어의 예문을 그대로 활용한 빈칸 채우기 문제로 반복학습의 효과를 볼 수 있다. 또한 정답 단어의 첫 글자를 제시하는 동시에 글자 수와 빈칸의 수를 같게 함으로써 쉽게 성취감을 느끼며 독파할 수 있도록 이끌어 준다. 마지막 장에는 영어 논문을 쓰기 위해 반드시 알아야 할 단어들이 정리되어 있고, 뒷부분의 Index는 모든 표제어를 알파벳순으로 뜻과 함께 나열해 놓아 용어 해설집으로 또 암기용 단어장으로 편리하게 이용할 수 있다.

전공별이 아닌 주제별로 묶은 통섭의 이공계 영단어

현재 이공계 대학은 20개 학과 정도의 전공을 가지고 있으며, 한 학과 내에서도 다양한 세부 전공들로 분화되어 있어 서로 소통이 어려울 정도이다. 이 책에서는 전공별로 단어를 분류하지 않고, 소주제별로 묶어 단어들을 편집했다. 앞으로의 학문은 융합이나 통섭이 대세이며, 기본적인 이공계 용어들은 다른 분야에서도 자주 사용되기 때문이다. 물체의 운동과 관련된 단어들은 물리학과 기계공학에서 동시에 사용되며, 많은 화학 용어들이 생물학에서도 사용된다. 고유명사로 만들어진 전공용어나 지나치게 세밀한 전문용어(jargon)들은 제외했고, 기본 단어들 위주로 표제어를 선별했다.

그러므로 여러 분야를 넘나드는 넓은 지식을 갖추려는 이공계 대학생이라면 이 책에 소개된 단어 정도는 분야에 관계없이 모두 숙지할 것을 권한다. 전공 영어 공부가 한결 재미있어질 뿐만 아니라 4차 산업혁명 시대에 요구되는 지식과 정보를 쌓는 데에도 한발 앞서갈 수 있을 것이다. 나아가, 전공을 불문하고 융합형 창의 인재를 꿈꾼다면, 누구나 이 책의 STEM 영단어를 익힐 것을 권한다. 초중등학생과 고등학생 또한 소프트웨어 교육의 의무화로 STEM 어휘가 꼭 필요하므로, 이 책으로 기본 소양을 쌓는다면 학업 성취에 많은 도움을 받을 수 있을 것이다. 일반인들에게도 문학, 역사, 철학을 넘어 자연과학까지 아우르는 인문학 열기 속에서 이 책의 어휘는 교양 영어로서 지적 탐구에 큰 도움이 될 것이다.

알면 알수록 재미있는 과학기술 이야기 이공계 영단어

이 책은 내용을 간추리고 압축해서 학습 부담을 확 줄였다. 보통 이런 종류의 학습서들이 모든 내용을 총망라해야 한다는 강박증을 버리지 못하고 너무 방대한 양을 실어 학습자를 질리게 하는 사례를 종종 보아 왔기 때문이다. 또 쉬어갈 수 있도록 STEM History 코너를 두어 과학·기술·공학·수학의 재미있는 역사나 사건들을 소개했다. 분명 과학기술도 알면 알수록 재미있는 공부가 될 수 있다는 것을 알게 될 것이다. 과학기술의 역사와 관련된 예문을 만들 때 영어판 Wikipedia를 비롯한 여러 인터넷 사이트를 참조했음을 밝힌다.

정확한 발음부터 규칙과 경향으로 익히는 이공계 영단어

이 책에는 영어 단어에 발음기호를 달지 않았다. 다만 책의 맨 앞부분에 영단어 발음에 관하여 전반적인 규칙을 설명해 놓았다. 영어는 불어나 독일어, 스페인어 등 다른 유럽어들과 달리 발음이 철자와 다른 것으로 악명이 높아, 그에 대한 최소한의 사전 지식이 필요하기 때문이다. 그동안 필자가 공부하며 알게 된 규칙들인데, 예외가 너무 많아서 발음 규칙이라기보다는 '발음 경향'이라고 말해야 할 것 같다. 하지만 영단어를 정확히 발음하는 데 상당히 도움이 될 것이라 자부한다. 영어 발음이 아니라 영단어 발음이라고 한 이유는, 문장 속의 발음은 연음이나 억양이 동반되므로 또 다른 차원이기 때문이다. 우선은 단어의 발음을 익히는 것이 순서일 것이다. 본문에 앞서 Introduction에 발음 규칙을 배치한 이유이다.

출판이란 막대한 책임이 따르는 일이다. 하지만 모든 독자들이 만족할 만한 수준으로 이 책을 구성하기에는 필자의 역량과 시간이 절대적으로 모자랐다. 이런 약점을 보완하기 위해 여러 명의 각계 전문가들이 나누어 집필할 수도 있었으나, 이 경우에는 전체의 일관성 유지가 어렵고, 개정 시 다시 많은 전문가들이 동시에 작업하는 것도 쉽지 않아 결국 필자 혼자 이 책을 썼다. 이 책이 사랑받는 책이 된다면, 고무된 필자가 의욕적으로 계속 진화해 나가는 책으로 만들어 나갈 수 있을 것이다. 첫술에 배부를 수야 없겠지만, 부족하나마 이 책을 독자들이 많이 사랑해 주기를 바랄 뿐이다. 그래서 이 책이 이공계 전체의 필수 서적으로 자리 잡기를 바라는 마음 간절하다. 무엇보다 독자들 모두 포기하지 않고 열심히 노력하여 꿈을 이루기를 바란다.

전창훈

CONTENTS

Preface 융합형 창의 인재를 위하여! 4
Introduction 알면 쉬운 영단어 발음 규칙 8

1. 수, 단위 Numbers & Unit 15
2. 계산, 연산 Calculation & Operation 25
3. 그래프 Graph 35
4. 기하 Geometry 45
5. 운동 Motion 53
6. 변형 Deformation 61
7. 흐름 Flow 71
8. 재료 Material 81
9. 반응 Reaction 91
10. 생명, 생명체 Life & Living Organism 101
11. 소프트웨어, 인공지능 Software & Artificial Intelligence 111
12. 컴퓨터 하드웨어 Hardware 125
13. 전기, 전자 Electricity & Electron 135
14. 건축, 토목 Architecture & Civil Engineering 145
15. 자동차 Automobiles 155
16. 비행기 Airplanes 163
17. 선박 Ships 173
18. 환경, 에너지 Environment & Energy 181
19. 원자력 Nuclear Power 191
20. 논문 어휘 Words for Academic Paper 199

Index 206

INTRODUCTION

알면 쉬운 영단어 발음 규칙

영어는 철자와 발음이 제각각이다. 그래서 철자와 발음 사이에는 규칙보다 예외가 더 많다. 하지만 가급적 억지로라도 규칙을 만들어 보면서, 철자와 발음의 관계를 이해하려고 시도해 보면 영어를 좀 더 깊이 이해하는 데 도움이 된다. 아래에 설명한 것들을 규칙이라 믿고 암기하려 들지 말고, '영어 발음의 이해' 정도로 생각하고 읽어 주기 바란다. 발음 부분은 내용이 좀 지루하니, 조금씩 천천히 공부하길 권한다.

자음 발음

1. **자음 P versus F** 우리는 P와 F를 자주 혼동하지만, 이 철자들의 발음이 서로 다르다는 것은 안다. 영어권에서도 유아들의 경우 이 발음을 틀리게 하는 경우는 흔하다. 그래서 어른이 되면 father라고 말하는 아버지를 아주 어릴 때는 papa라고 부른다. 유아들은 어느 정도 나이가 될 때까지 F 발음을 못하는 것이다. P는 우리가 아는 바대로 입술을 깨물지 않고 발음하고, F는 아랫입술을 윗니로 살짝 깨물고 발음한다. F는 발음하기 전에 일단 입을 약간 벌리고 아랫 턱을 약간 집어넣어 윗니가 아랫입술에 자연스럽게 오게 준비를 해야 한다. 흥분하여 떠들다가 반 박자 먼저 입을 준비하지 않으면 그냥 입이 벌어지면서 "I am also a crazy baseball fan!" 이라고 말하려던 것이 'baseball pan'(야구공을 튀기는 프라이팬?)이 되어 버린다.

2. **자음 B versus V** 스페인어에서는 B와 V 발음을 구별하지 않고 다 B로 발음한다. 영어권에서 태어난 유아들 역시 한참 동안 이 발음의 차이를 잘 구별하지 못한다. 그러니 우리가 자주 틀리는 것은 당연하다. V도 F처럼 아랫입술을 윗니로 살짝 깨물고 발음한다. 이 발음들은 우리가 모르는 것이 아니라, 발음 습관이 안 되어 있을 뿐이다.

3. **자음 R versus L** L 발음은 쉽다. 우리의 'ㄹ' 발음 그대로 하면 된다. 단어의 뒤에 오는 발음은 그냥 'ㄹ' 받침을 붙인 것과 비슷하니 혼동의 염려가 없다. 하지만 L이 단어의 머리에 오면 가끔 혼란스럽다. 이럴 경우에 좀 더 분명하게 발음하려면 혀를 입천장에 붙인 상태로 발음을 시작하는 것이다. 그래서 light를 발음할 경우 [을라이트]처럼, 발음을 시작하면서 혀를 붙이는 발음 [을]이 소리로 새어 나오는 것처럼 하면 된다. 물론 [을] 발음이 입 밖으로 나올 필요는 없다. 마치 소리를 삼키듯 가볍게 [을]하고 혀를 일단 입천장에 붙이고 발음하는 것이다.

R 발음은 우리에게 너무 어렵다. 필자에게도 이 발음은 난공불락이다. 들어서 구별은 되는데, 본인이 직접 소리를 내는 것은 참 어렵다. 스페인어의 R 발음은 또르륵 굴리면 된다. 불어의 R 발음은 스페인어 발음을 덜 굴리면서 독일어의 CH[히] 발음을 약간 섞으면 된다. 하지만 영어의 R은 표현하기도 어렵다. 아래에 마련해 둔 궁색하기 짝이 없는 요령을 한 번 보자.

단어의 첫머리에 R이 오면 우선 입술을 앞으로 좀 뺄 필요가 있다. 예를 들면 right를 발음할 경우, 발음하기 전에 입술을 먼저 앞으로 좀 내밀고, 그 상태에서 [롸잇]이라고 발음하는 것이다. [라잇]보다는 입술과 혀를 더 둥글게 만들어 [롸잇]이라고 발음한다. 이렇게 발음하는 것이 우리가 right를 원어민들과 비슷하게 발음할 수 있는 방법이다. 어떤 경우든, 혀는 입천장이나 바닥에 붙으면 안 되고 붕 떠 있어야 한다. 요즘 미국영어에서는 R이 단어의 중간에 올 때도 아주 약하지만 발음을 하고 지나가는 것이 일반적인 경향이다. 즉 certain을 발음할 때, [써:어르튼처럼 R의 흔적을 짚어 준다. 영국영어에서는 단어 중간에 나오는 R을 거의 무시하고 발음하기 때문에 대부분의 사람들이 [써:튼처럼 약간 장음으로만 처리한다. 그러니 중간에 오는 R은 거의 발음을 하지 않아도 문제가 없다. 하지만 미국 본토 발음을 흉내 내려고 중간에 오는 R을 너무 심하게 발음하면 발음이 어색해지고 L 발음으로 혼동될 여지가 있다. 좌우간 R 발음은 어렵다. 그래서 R을 발음할 때에는 한 박자 늦춰서 천천히 발음하는 것도 한 방법이다.

전체적으로 영어 자음에 관하여는 우리가 발음의 차이를 잘 알지만, 연습이 충분하지 않아 혀에 습관이 안 붙은 것일 뿐이다. 문제는 모음이다.

모음 발음

영어 모음은 여러 가지로 한글 모음과 다른 점이 많다. 우선 모음들 자체가 한글 발음과 약간씩 다르다. 마치 같은 높이의 사다리를 우리말은 11개의 층계로 만들었다면 영어는 12개의 층계를 이용하여 만든 것과 유사하다. 각 층계 간의 높이가 다 조금씩 다른 것이다. 그래서 눈치 없는 영어권 어린아이들은 동양 외국인들의 영어 발음을 정말 못 알아듣는다. 모음 발음이 약간씩 이상한 것은 어쩔 수 없는 일이지만, 우리가 모르고 잘못된 습관을 붙인 모음 발음들이 있다. 영어 모음 발음은 기본적으로 굴절음이고 복모음이다. 그래서 O의 경우 대부분의 발음이 [오]가 아니고 [오우]다. 마찬가지로 중요 모음들이 다 복모음인데, 대표 발음은 영어 철자 이름이라고 생각해야 한다. 우리가 여태껏 익숙해 있던 아-에-이-오-우는 일어·불어·독일어·스페인어·이탈리아어 모음을 읽는 방법이지 영어 모음은 아니라는 이야기다. 아래에서 각각의 모음 발음을 살펴보자. (모음 뒤에 오는 R은 모음 발음을 많이 변형시킨다는 것을 먼저 알고 읽어 보자.)

1. A 발음 영어의 A는 대표발음이 [아]가 아니라, 철자 이름대로 [애(이)라고 생각해야 한다. 발음이 길면 [애이], 짧으면 줄여져 [애]가 되는 것이다. 우선은 A의 대표발음은 복모음인 [애이], 짧으면 [애]라고 알아 두자. 그래서 hat에서 A는 [애]로, hate에서 A는 [애이]로 발음된다. 하지만 [아]로 발음되는 경우도 물론 있다. 특히 가장 많은 경우는 R 또는 R+자음 앞에서 A는 [아:]로 발음 나는 경우다. 즉, bar, car, carbon, farm, garlic, jar, large, margin, pardon, star, target 등이다. 그런데 R이 뒤에 와도 다시 그 뒤에 모음이 오거나 (R+모음) 또는 RR이 오면 다시 원래 발음인 [애]로 돌아간다. 즉, bare, barrier, care, carry, dare, parrot 등이다. 이상하게 발음되는 A가 하나 더 있다. 뒤에 LL이 오면 A가 [오:]로 발음 나는 경우다. 그리고 강세가 오지 않는 음절에서는 물론, 약음(schwa)인 [에]로 발음된다. about, American, emphasize, marine 등에서 A는 [에]로 발음된다.

> A 발음을 정리하면 다음과 같다.
> **대표발음1 [애이]** change, date, nation, patience, play, etc.
> **대표발음2 [애]** action, bat, carry, combat, fat, grand, etc.
> **대표발음3 [아:]** darling, farther, harsh, target, etc.

대표발음4 [오:] all, ball, call, fall, hall, mall, tall, etc.
대표발음5 [어] (약음) agree, coolant, emphasize, stigma, etc.

2. E 발음 우리는 E의 대표발음을 [에]라고 생각한다. 하지만 대표발음은 철자 이름처럼 [이]라고 생각해야 한다. E 발음은 너무 다양하여 굳이 대표발음을 선정하기 어려운 것이 사실이나, 대표발음이 [이]라는 사실을 확인하는 경우는, 겹쳐서 EE를 썼을 때이다. 즉, E 단독일 경우는 [이]나 [에] 등 다양하게 발음 나지만, EE가 철자에 있는 경우는 거의 다 [이:]로 발음 난다. 그리고 R 앞에서는 [어:]로 발음 난다. E가 [에]로 발음 날 경우는 A가 [애]의 단모음으로 발음되는 경우와 소리가 상당히 다르다. 긴 문장에서는 이 둘 간의 차이를 굳이 분명하게 발음하지 않고 지나가지만, 한 단어씩 말할 때는 확실히 다르다. 즉, bed를 발음할 때는 그냥 입술을 열어 발음하지만, bad를 발음할 때는 입술이 더 옆으로 벌어지고 입꼬리가 많이 올라간다. 우리말에서도 이 발음은 다르지만, 오늘날 문장 내에서는 별 구별 없이 사용된다. '내가 죽고서 네가 산다면…'에서 '내'와 '네'의 차이가 A[애]와 E[에] 발음의 차이와 비슷하다. E 역시 약음에서는 [어]로 발음되며, R 앞인 경우가 많다.

E 발음을 정리하면 다음과 같다.
대표발음1 [이] beef, cereal, complete, exchange, see, etc.
대표발음2 [에] bed, egg, get, lemon, test, etc.
대표발음3 [어:] certain, person, thermal, versatile, etc.
대표발음4 [어] (약음) accident, system, taken, etc.

3. O 발음 발음이 길면 [오우]나 [오:]로, 짧으면 [아!]로 발음난다. [아!]는 그냥 [a]가 아니라 짧고 불안하게 발음되는 발음기호 [^] 발음을 이렇게 표기했다. 그리고 역시 약음은 [어]로 발음된다. 모든 약음은 표기를 [어]라고 할 뿐, 발음이 꼭 '어머니'의 [어]라고 나는 것은 아니고 어둡고 튀지 않으면서 그냥 지나가는 모음이다. 그래서 [어]나 [으], [위 등 높지 않고 튀지 않는, 그저 그 박자만큼의 길이만 지켜주는 모음 발음이면 된다. 장음인데, [오우]가 아니라 [오:]로 발음 나는 경우, 뒤에 R이 올 때가 많다. 그리고 OO가 올 때는 거의가 [우:]로 발음 난다.

O 발음을 정리하면 다음과 같다.
대표발음1 [오우] hope, roll, solar, stroke, total, etc.
대표발음2 [오:] corner, horn, orange, strong, etc.
대표발음3 [아!] contract, document, nominate, popular, etc

대표발음4 [우:] boom, doom, foolish, pool, racoon, etc.
대표발음5 [어] (약음) bacon, continue, corrupt, patron, etc.

4. I 발음 이것 역시 철자 이름인 [아이] 발음이 대표발음이어야 하고, 뒤모음에 의해 눌렸을 경우, [이]로 발음 난다고 생각해야 한다. 뒤에 R이 오면 장음 [어:]로 발음 나고, RE가 오면 [아이에]로 발음 난다. 역시 약음은 [에] 발음이다.

I 발음을 정리하면 다음과 같다.
대표발음1 [아이] library, pipe, sight, time, etc.
대표발음2 [이] hit, indicate, ship, sick, etc.
대표발음3 [어:] bird, circus, dirty, girl, etc.
대표발음4 [아이어] entire, fire, hire, wire, etc.
대표발음5 [에] (약음) gravity, entity, credible, pencil, etc.

5. U 발음 이 발음도 대표발음이 철자 발음과 같이 [유]라고 봐야 한다. 물론 많은 경우에 [우]로도 소리 나고, R 앞에서는 [어:], 그리고 강세가 올 때 [아!]라고 발음될 때도 많다. 약음에서는 [에]로 발음 난다.

U 발음을 정리하면 다음과 같다.
대표발음1 [유] curious, humid, sure, tune, use, etc.
대표발음2 [우:] flute, June, rude, truth, etc.
대표발음3 [어:] absurd, fur, turn, urgent, etc.
대표발음4 [아!] abundant, dust, suffer, trust, under, up, etc.
대표발음5 [에] (약음) campus, focus, supply, support, etc

모음 전체 발음을 정리해 보자.
1. 모음의 제1 대표발음은 철자의 이름 자체와 동일하다고 생각하자.
2. 영어 모음은 복모음(굴절모음)이 많아서 [에이], [오우]처럼 꺾이는 것이 흔하다.
3. 모음 뒤에 R이 오면, 복모음 발음은 [아:], [어:]처럼 단모음-장음으로 변한다. (card처럼 뒤에 R+자음이 오거나, car처럼 R로 끝나는 경우를 말한다. care 처럼 뒤에 R+모음이 오는 경우는 해당되지 않는다. R+모음의 경우는 R이 앞모음의 받침 역할을 하는 것이 아니고, 자기 뒤에 오는 모음을 이끌고 독립된 자음 역할을 하기 때문에 앞모음과 분리된다.)
4. 모음의 뒤에 쌍자음이나 P, T 같은 강한 자음이 오면 [에이], [아이] 같은 복모음이 [애],

[이]처럼 단모음으로 변한다.

위에서 논한 규칙을 적용해 보자. 스웨덴 가구회사 IKEA를 영어식으로 읽는 가장 자연스러운 발음은 [이케아]가 아니라 [아이키에]다. 많은 미국인들이 이렇게 발음한다. I의 대표음 [아이], E의 대표음 [이], 그리고 앞의 I에 강세가 들어가므로 뒤의 A는 약음(schwa)이 되어 [에]가 되는 것이다. 다른 모르는 단어나 영어 이외의 외국어에도 이 규칙을 적용하여 읽으면 영어식으로 읽는 가장 안전한 방법이다.

이중모음 발음

위에서 설명한 모음 발음은 하나의 모음이 앞뒤 자음에 의해 포위되어 있을 경우다. 실제 영어 철자에는 모음이 둘 나란히 오는 경우가 많은데, 이 경우 발음은 정말 다양하다. 이중모음을 diphthong이라고 하는데, 미국 초등학교 영어 시간에는 여러 번에 걸쳐 이중모음의 발음을 교육시킨다. 그 중에서도 가장 다양하게 변하는 발음은 -ou-이다. -ou-를 보통 -ow-까지 포함해서 동일한 이중모음으로 취급한다. 그 외에도 -ea-, -ia-, -ai- 등 다양한 이중모음들이 있는데, 여기에서는 -ou-의 경우만 간단히 소개한다.

- [아우] 발음 about, house, mouth, noun, sound, etc.
- [오우] 발음 doughnut, shoulder, soul, though, etc.
- [오] 발음 bought, cough, fought, sought, etc.
- [애] 발음 cousin, country, double, enough, rough, touch, tough, etc.
- [우:] 발음 route, through, etc.
- 약음 [우] 발음 could, should, would, etc.

악센트

영어 단어에는 악센트가, 문장에는 억양(intonation)이 있다. 악센트를 우리는 강약으로 이해하지만, 고저에 더 가깝다. 즉, imagination을 발음하면 -ma-, -na- 두 부분에서 음정이 올라간다는 것이다. 문장 전체의 억양은 개별 단어들의 고조와 어울려 자연스럽게 억양을 만든다.

영어는 음악처럼 고저가 있는 언어여서 고저 없이 책 읽듯이 발음하면 원어민들은 못 알아듣는다. 마치 우리를 골탕 먹이려고 일부러 못 알아듣는 척하는 것처럼, 아무리 또박또박 말해줘도 어깨를 들어올리며 난감해 하는 표정을 짓는다. 영어 발음에는 음악처럼 높낮이가 있기 때문이다. 예를 들어 음표가 전부 같은 높이에 그려진 악보를 들고, 훌륭한 음악가에게 가서 "이 유명한 노래가 무엇인지 당연히 아시겠죠?"라고 묻는 것과 동일하다. 꼬리를 붙여 음표의 길이를 다르게 표시해도 오선지 위에서 높이를 바꾸지 않는 한, 그런 악보를 보고 무슨 노래인지 알아맞힐 수는 없다. 그래서 말할 때와 들을 때, 높낮이에 예민해져야 한다.

우리나라 사전에는 제1 악센트, 제2 악센트를 삐침의 방향을 달리하여 표시하지만, 제1, 제2의 차이는 중요하지 않다. 강박자, 약박자만 중요하다. 영어 단어의 발음은 음절마다 강-약-강-약 또는 약-강-약-강으로 번갈아 가며 바뀐다. 짧은 단어는 아예 악센트가 없는 경우도 있지만, 강-강-약이나 약-약-강처럼 강이나 약이 연거푸 두 번 나오지는 않는다. 항상 봉우리(강)와 골짜기(약)가 번갈아 오게 되어 있다. 어느 봉우리가 더 높은지는 중요하지 않고, 봉우리-골짜기-봉우리형인지, 골짜기-봉우리-골짜기형인지만 구별하면 된다. 다시 한 번 반복하지만, 악센트를 가진 강박자란 큰 소리이면서 높은 음을 말하며, 약박자란 작은 소리의 낮은 음을 말한다. 악센트가 있는 음절은 실제 소리도 좀 더 크지만, 음정이 더 높다는 것을 기억하자.

1 수, 단위
Numbers & Unit

과학기술은 계산, 실험 결과를 숫자로 나타내는 학문이다. 언어에서 알파벳의 역할을 과학기술에서는 숫자가 맡고 있다. 그래서 숫자를 정확히 알고, 단위를 혼동하지 않아야 한다. 단위 환산 시 실수하는 경우는 흔한 일이어서, 미국 항공우주국은 챌린저호 우주선의 추락 원인으로 인치와 미터 단위 환산 시 발생한 실수 때문이라고 발표한 적이 있다.

☑ Precheck

- ☐ natural number
- ☐ prime number
- ☐ even number
- ☐ odd number
- ☐ absolute value
- ☐ algebra
- ☐ arithmetics
- ☐ equation, inequality
- ☐ factorization, factorize
- ☐ solution
- ☐ root
- ☐ iteration
- ☐ approximate, approximate solution
- ☐ addition, summation
- ☐ subtraction
- ☐ multiplication, product, multiply
- ☐ division, divide
- ☐ order, descending order, ascending order
- ☐ coefficient
- ☐ insertion, insert
- ☐ cancel out
- ☐ integer
- ☐ fraction, proper fraction, improper fraction
- ☐ rational number
- ☐ irrational number
- ☐ complex number
- ☐ round, round up
- ☐ truncate, truncation
- ☐ digit
- ☐ decimal point
- ☐ unit, metric system, imperial system
- ☐ sequence, progression, series, arithmetic series, geometric series
- ☐ converge, convergent
- ☐ diverge, divergent
- ☐ infinity, infinite
- ☐ infinitesimal

natural number 자연수 (소수점 없는 양의 수. 때에 따라 제로를 포함하기도 한다.)
Natural numbers can also be called whole numbers.
자연수는 whole number라고도 부른다.

---

prime number 소수 (1과 자신 외에는 인수가 없는 수. 2, 3, 5, 7, 11, … 등. 1은 소수 아님)
Many brilliant mathematicians have tried to find a bigger **prime number**.
많은 우수한 수학자들이 더 큰 소수를 찾으려고 노력해 왔다.

---

even number 짝수
An **even number** has no remainder after being divided by 2.
짝수는 2로 나누면 나머지가 없다.

---

odd number 홀수
An **odd number** is not divisible by 2 without a remainder.
홀수는 나머지 없이는 2로 나눠지지 않는다.

---

absolute value 절댓값 (부호를 항상 플러스로 만든다.)
The notation of the **absolute value** was first used by a German mathematician, Karl Weierstrass, in 1841.
절댓값 부호는 독일 수학자 바이어슈트라스가 1841년에 처음 사용했다.

---

algebra 대수학 (방정식을 통해 수의 상관관계를 연구하는 분야)
Algebra is mostly dedicated to solving equations.
대수학은 방정식을 푸는 것이 주목적이다.

---

arithmetics 산수 (사칙연산을 말한다. mathematics와 다르게 철자가 -metics임에 주의)
Arithmetics is the most elementary branch of mathematics.
산수는 수학의 가장 기본적인 분야다.

equation 방정식, 등식 (좌우가 '='로 연결되는 수식)　**inequality** 부등식

The unknown 'x' in an equation was first used by Descartes.

방정식에 나오는 미지수 x는 데카르트가 처음 사용했다.

---

factorization 인수분해　**factorize** 인수분해하다 (곱의 형태로 표시하는 것: 3×4는 12를 인수분해한 형태)

(x+1)(x+2) is a factorized form of x^2+3x+2.

(x+1)(x+2)는 x^2+3x+2의 인수분해된 형태이다.

---

solution 답, 해 (화학에서는 용액을 말한다.)

The equation of $x^2+2x+1=0$ has multiple solutions.

방정식 $x^2+2x+1=0$의 해는 중근이다

---

root 근, 해, 답 (특히 방정식의 답)

The quadratic formula gives the roots for a quadratic equation.

근의 공식으로 2차식의 근을 얻는다.

---

iteration 반복법 (얻은 값을 다시 대입하여 계속 답을 찾아 나가는 방법)

This program seems to be diverged because the iterations go on forever.

이 프로그램은 무한 반복되고 있어 발산하는 것 같다.

---

approximate 근사치인, 가까운　**approximate solution** 근사해

The approximate solution of this equation is 3.

이 방정식의 근사해는 3이다.

---

addition, summation 덧셈, 더하기 (summation은 특히 여러 개를 다 더할 때 사용한다.)

The summation of this series is converged.

이 수열의 합은 수렴한다.

subtraction 뺄셈, 빼기

The answer can be obtained just by a simple **subtraction**.

답은 그냥 간단한 뺄셈으로 얻을 수 있다.

---

multiplication, product 곱셈, 곱   **multiply** 곱하다

This big number is made by the **multiplication** of two prime numbers.

이 큰 숫자는 두 개의 소수를 곱해서 만든 것이다.

---

division 나눗셈, 나누기   **divide** 나누다

An even number has no remainder if it is **divided** by 2.

짝수는 2로 나누면 나머지가 생기지 않는다.

---

order 순서, 방정식의 차수 (2차방정식, 3차방정식 등에서 '차')   **descending order** 내림차순   **ascending order** 오름차순

When we write an equation, we normally write it in **descending order**.

방정식을 쓸 때, 보통 내림차순으로 배치한다.

---

coefficient 계수, (변수 앞에 붙은) 상수

The **coefficients** of a and b in a linear equation of ax+b=0 are constants.

일차방정식 ax+b=0에서 계수 a, b는 상수이다.

---

insertion 대입   **insert** 대입하다

By **inserting** zero in x, you can know the y intercept value in a function.

x에 제로를 대입하면, 함수의 y 절편 값을 알 수 있다. (▶ intercept 절편)

---

cancel out 약분되다, 상쇄되다

Think again! This fraction can be simplified even further by cancelling out.
다시 생각해 봐! 이 분수는 약분으로 더 간단하게 될 수 있어.

`integer` 정수 (소수점 없는 음, 영, 양의 수)
Digital numbers refer to the integer numbers that can be counted on one's fingers.
디지털 숫자는 '손가락(으로 셀 수 있는) 숫자'라는 뜻이다.

`fraction` 분수   `proper fraction` 진분수   `improper fraction` 가분수
An improper fraction means a fraction bigger than 1.
가분수는 1보다 큰 분수를 말한다.

`rational number` 유리수 (두 정수의 비로 표시 가능한 수)
If a number can be made by a fraction, it is a rational number.
분수로 표시될 수 있는 숫자는 유리수이다. (▶ 분모, 분자는 정수라야 함)

`irrational number` 무리수 (분수로 표시 불가능한 수: 소수점 아래가 규칙 없이 이어진다.)
Irrational numbers were discovered by Pythagoras.
무리수는 피타고라스에 의해 발견되었다.

`complex number` 복소수 (실수와 허수의 조합으로 이루어졌기에 붙은 이름)
A complex number is divided into a real part and an imaginary part.
하나의 복소수는 실수부와 허수부로 나뉜다.

`round` 반올림   `round up` 사사오입하다
This approximate solution is obtained by rounding up the second decimal number.
이 근사해는 소수점 둘째 자리에서 반올림하여 얻은 것이다.

truncate 절사하다, 버림하다 **truncation** 절사, 버림 (어떤 자릿수 아래를 반올림 없이 무조건 잘라 버림)

The accumulation of truncation error has become too big in this program.
이 프로그램에서는 누적된 절단 오차가 너무 커진다.

---

digit (수의 크기에 의한) 자리, 자릿수

A 'six digit salary' means an annual earning of more than 100,000 dollars.
여섯 자리 급료란 연 십만 달러 이상의 소득을 말한다.

---

decimal point 소수점

In France or several European countries, the comma is used as decimal point.
프랑스와 몇몇 유럽 나라에서는 쉼표가 소수점으로 사용된다.

---

unit 단위 (통상 [m]처럼 대괄호 안에 넣는다.) **metric system** 미터 단위
imperial system 영미 단위

The metric system is now prevalent over the Imperial System.
현재는 영미계 단위보다 미터 단위가 더 많이 사용된다.

---

sequence, progression 수열 **series** 급수 (수열의 각 항을 합의 기호로 이은 것)
arithmetic series 등차급수, 산술급수 (등차수열을 이룸)
geometric series 등비급수, 기하급수 (등비수열을 이룸)

Do you know whether this series is an arithmetic series or a geometric series?
이 수열이 등차수열인지, 등비수열인지 너 아니?

---

converge 수렴하다 (최종 값이 유한하면 수렴) **convergent** 수렴의

How can we know if this series will finally be converged?

이 수열이 마지막에 가서 수렴할지 어떻게 알 수 있지?

---

diverge 발산하다 (최종값이 무한대로 가거나 오락가락하면 발산.) **divergent** 발산의

The tangent function diverges at 90 degree.
탄젠트 함수는 90도에서 발산한다.

---

infinity 무한대, 무한성   **infinite** 무한한

Is the number of sand grains in a big beach finite or infinite?
큰 해변 백사장의 모래알 수는 유한한가, 무한한가?

---

infinitesimal 무한소

Analytics opened an unknown mathematical door by putting infinitesimal numbers as zero.
해석학은 무한소의 숫자를 제로로 놓음으로써 새로운 수학의 문을 열었다.

> **Note** 너무 크거나 작은 수는 단위 앞에 접두사(prefix)를 붙여 표시한다.
>
> 예를 들면 3,200,000,000Pa = 3.2GPa
> kilo (=천 배), Mega (=백만 배), Giga (=10억 배), Tera (=조 배),
> milli (=1/천), micro (=1/백만), nano (=1/10억), pico (=1/조)
> 키우는 접두사는 전부 대문자, 줄이는 접두사는 전부 소문자를 사용하고 있다.
>
> 예외적으로 k(=천 배)는 절대온도 K와의 혼동을 피하기 위해 소문자를 사용하고 있다.

Exercise 01

다음 빈칸에 주어진 첫 글자로 시작하는 단어를 써넣으시오.

1. A _____ is mostly dedicated to solving equations.
2. A _____ is the most elementary branch of mathematics.
3. The a _____ solution of this equation is 3.
4. How can we know if this series will finally be c _____?
5. The tangent function d _____ at 90 degree.
6. The unknown 'x' in an e _____ was first used by Descartes.
7. Is the number of sand grains in a big beach f _____ or i _____?
8. By i _____ zero in x, you can know the y intercept value in a function.
9. Digital numbers refer to the i _____ numbers that can be counted on one's fingers.
10. This program seems to be diverged because the i _____ go on forever.
11. The quadratic formula gives r ____ for a quadratic equation.
12. This approximated solution is obtained by r _____ up the second decimal number.
13. The s _____ of this series is converged.
14. The accumulation of t _____ error has become too big in this program.
15. The m _____ system is now prevalent over the Imperial System.

Answers

1. Algebra 2. Arithmetics 3. approximate 4. converged 5. diverges 6. equation 7. finite, infinite 8. inserting 9. integer 10. iterations 11. roots 12. rounding 13. summation 14. truncation 15. metric

Science-Technology-Engineering-Mathematics **History**

황금비와 피보나치 수열

언젠가 수학사의 연보를 살펴본 일이 있다. 유클리드를 비롯한 고대 수학자들의 업적은 그들이 일한 연대에 전부 물음표가 붙어 있어 시대가 확실하지 않았다. 하지만, 1202년에 피보나치(Leonardo Fibonacci, c.1170-c.1250, 이탈리아 수학자)가 서방 세계에 소개한 수열부터 정확한 연대가 나오는 것을 보았다. 그러니까 서양의 수학은 1200년경부터 수학자들의 연구 기록과 업적이 정확하게 전해지는 것으로 보면 될 것 같다. 피보나치는 '피사의 레오나르도'로 불리기도 하는 것으로 보아, 훗날 갈릴레이의 주무대가 된 이탈리아의 피사 출신인 것 같다. 그는 중세 최고의 수학자로 알려져 있으며, 인도로부터 황금비율에 관한 수열을 알게 되어 서방에 소개했다고 한다. 피보나치 수열(Fibonacci sequence)은 우리가 황금비율이라고 부르는 $(1+\sqrt{5})/2$ $(=1.618\cdots)$ 숫자가 나오는 수열이다. 이 수열은 간결하여 수학의 아름다움을 한결 깊게 느낄 수 있게 해주는 수식이다. 아래를 보자.

첫째 항을 1로 두고, 둘째 항부터는 왼쪽에 있는 두 개의 항을 더하여 진행되는 수열을 생각해 보면 숫자들은 아래와 같이 배치된다.

1, 1(=0+1), 2(=1+1), 3(=1+2), 5(=2+3), 8, 13, 21, 34, 55, 89, 144, 233,…으로 진행된다.

이 수열 자체는 계속 커져서 발산하지만, 두 인접 항(오른쪽 항과 왼쪽 항)의 비율을 계산해 보면 1.618…에 수렴하는 수열이 된다. 인접한 오른쪽 항 대 왼쪽 항의 비율을 계산해 보면 아래와 같다.

1(=1/1), 2(=2/1), 1.5(=3/2), 1.667(=5/3), 1.6, 1.625, 1.615, 1.619, 1.618, 1.618, 1.618, 1.618,…

황금비(황금비율, golden ratio)는 고대부터 많은 수학자들이 언급한 비율인데, 가로-세로 비가 1:1.618인 건물이나, 책 등의 비율은 가장 높은 안정감을 준다고 한다. 위 수열은 제곱근 계산을 하지 않고 그냥 두 개의 정수를 나눈 유리수의 범주 안에서의 계산임에도 불구하고, 그 지향점은 무리수로 향하는 아주 신기한 수열이다.

* 위에서 연도를 나타내는 숫자 앞에 쓰인 c.는 circa이며, '대략'이라는 뜻이다.

2 계산, 연산
Calculation & Operation

컴퓨터는 사칙연산을 전부 덧셈으로 바꿔 계산하는 방식을 택하고 있다. 이것은 서양 문화를 반영하는 것으로, 예를 들어 미국 슈퍼마켓에서 16달러의 물건을 구입하고 20달러를 지불하면 점원은 곧바로 4달러를 거슬러주는 것이 아니라 고객의 손에 1달러씩 놓으며 "17, 18, 19, 20!"이라고 말하면서 계산을 끝낸다. 거스름돈을 내주는 뺄셈 대신 물품가격 16달러에서 고객이 낸 20달러까지 세며 덧셈으로 해결하는 것이다. 요즈음은 컴퓨터 계산기를 이용하니 이런 광경을 보기가 쉽지는 않다.

☑ Precheck

- ☐ calculation, operation
- ☐ negative number, positive number
- ☐ term
- ☐ arbitrary, random
- ☐ average, mean
- ☐ median
- ☐ standard deviation
- ☐ quartile
- ☐ assumption
- ☐ base
- ☐ binary system
- ☐ parenthesis, brace, bracket
- ☐ factorization, development
- ☐ fraction, denominator, numerator
- ☐ associative law
- ☐ commutative law
- ☐ distributive law
- ☐ ratio
- ☐ power, square, square root, cube
- ☐ proportional, inversely proportional
- ☐ division, divisor, dividend, quotient, remainder
- ☐ elimination
- ☐ exponent
- ☐ frequency
- ☐ set, subset
- ☐ quadratic
- ☐ derivative, differential
- ☐ integral

calculation, operation 계산, 연산 (operation은 '작전'이라는 뜻도 있다.)

The four arithmetic operations are addition, subtraction, multiplication and division.

사칙연산은 더하기, 빼기, 곱하기, 나누기다.

---

negative number 음수   positive number 양수

A negative number multiplied by another negative number becomes positive.

음수에 다른 음수를 곱하면 양수가 된다.

---

term 항 (덧셈이나 뺄셈으로 연결된 항의 수)

The maximum number of terms in a quadratic equation is three.

이차식의 최대 항 수는 셋이다. (▶ 이차식 부분 + 일차식 부분 + 상수 부분)

---

arbitrary, random 임의의, 무작위의 (arbitrate는 '중재하다'는 뜻. 그러므로 arbitrary의 속뜻은 '편향되지 않게' 라는 의미. random은 통계에서만 주로 사용되는 용어.)

'Arbitrary' means 'any' and 'random' means 'by chance.'

arbitrary는 '어떤'이라는 뜻이고, random은 '우연히'라는 뜻이다.

---

average, mean 평균의; 평균값 (둘 다 동일한 뜻. mean은 '의미하다', '보통보다 질이 낮은' 등의 다른 의미가 있어, 혼동을 피하기 위해 보통 mean value로 사용함.)

By average height, the Dutch are the tallest people in Europe.

평균 키로 보면, 유럽에서 네덜란드 사람들이 가장 크다.

---

median 중앙값

If data structure is symmetric, then the median value will be the same as the average one.

만약 데이터 구조가 대칭이면 중앙값은 평균값과 동일할 것이다. (▶ 3명의 수학 점수가 70, 80, 90이면 평균값과 중앙값이 모두 80. 점수가 40, 80, 90이면 평균은 70, 중앙값은 여전히 80.)

---

standard deviation 표준편차

To get a standard deviation, we should calculate the average first.
표준편차를 얻으려면 평균부터 계산해야 한다.

---

quartile 사분위수 (상위와 하위 25%에 해당하는 값이 사분위수. 보통 상위 사분위수에서 하위 사분위수를 뺀 차이를 사용한다. 자료로 활용 시 평균값은 표준편차와 짝을 이루고 중앙값은 사분위수와 짝을 이룬다.)

The quartile matches with the median, as standard deviation does with the average.
사분위수는 중앙값과 짝을 이루고, 표준편차는 평균과 짝을 이룬다.

---

assumption 가정

All theories are developed based on various assumptions.
모든 이론은 여러 가지 가정을 기초하여 개발되었다.

---

base 밑수 (로그에서)

The number one cannot be the base of a logarithm.
1은 로그의 밑수가 될 수 없다.

---

binary system 이진법

A computer's data process and operation are based on the binary system.
컴퓨터의 데이터 처리나 연산은 이진법에 기초한다.

---

parenthesis 소괄호( )   **brace** 중괄호{ }   **bracket** 대괄호[ ]

The brackets are used for units and the braces are used to represent a group or a set.
대괄호는 단위(를 나타낼 때)에 사용되고, 중괄호는 집합을 표시할 때 사용된다.

---

factorization 인수분해   **development** 전개

Factorization means to express a mathematical equation in the

form of products.

인수분해는 수학 방정식을 곱의 형태로 표현하는 것을 말한다.

`fraction` 분수　`denominator` 분모　`numerator` 분자

In a proper fraction, the denominator is bigger than the numerator.

진분수에서는 분모가 분자보다 크다.

`associative law` 결합법칙

Associative law shows that the order of calculations does not matter.

결합법칙은 계산의 순서가 상관없다는 것을 보여준다. (▶ ex. (3+4)+5=3+(4+5))

`commutative law` 교환법칙

Commutative law shows that you can swap numbers without changing the answer.

교환법칙은 숫자를 서로 바꾸어도 동일한 답을 얻는다는 것을 보여준다. (▶ ex. 3+4=4+3)

`distributive law` 배분법칙 (=분배법칙)

Distributive law shows that a factorized form is the same as a developed one.

분배법칙은 인수분해된 식이나 전개된 식이나 (답이) 동일하다는 것을 보여준다. (▶ ex. (3+4)×5=3×5+4×5=35)

`ratio` 비율

The golden ratio is around 1.618.

황금비율은 약 1.618이다.

`power` 승　`square` 제곱　`square root` 제곱근　`cube` 3승, 세제곱

Another name for power is exponent.

승(멱)의 다른 이름은 지수이다.

proportional 비례하는 **inversely proportional** 반비례의

Under constant temperature condition, pressure and volume of gases are inversely proportional.

온도가 일정한 조건이라면 기체의 압력과 부피는 역비례한다.

---

division 나눗셈 **divisor** 제수 **dividend** 피제수 ('주식 배당금'이란 뜻도 있다.)
quotient 몫 **remainder** 나머지

If you divide 100 (dividend) by 30 (divisor), you will have 3 as the quotient and 10 as the remainder.

100(피제수)을 30(제수)으로 나누면 몫은 3, 나머지는 10이다.

---

elimination 소거

Elimination does not change the answer for an equation, but only makes it simpler.

소거는 방정식의 답을 바꾸는 것은 아니고, 단지 더 간단하게 만들어 준다.

---

exponent 지수

The zero exponent of any number becomes 1.

어떤 임의의 수의 제로 승은 (모두) 1이다.

---

frequency 도수, 빈도 (전자공학에서는 주파수)

In statistics, frequency means how often a number or a set of data occurs.

통계학에서 빈도란 어떤 숫자나 데이터 집단이 얼마나 자주 나타나느냐를 의미한다. (▶ 1, 5, 11, 11, 14, 17, 19, 19의 경우 11과 19의 빈도는 2)

---

set 집합 **subset** 부분집합

Natural numbers are a subset of integers.

자연수는 정수의 부분집합이다.

---

quadratic 이차의

A **quadratic** function is symmetric with respect to the y axis.
이차함수는 y축에 대칭이다.

---

derivative 도함수 (미분된 함수)　　**differential** 미분; 미분의

The **derivative** of exp(x) becomes its own function.
지수함수 exp(x)의 미분은 그 자신과 동일한 함수가 된다.

---

integral 적분; 적분의

By **integral**, a linear function becomes a quadratic one.
적분하면, 일차 선형함수는 이차함수가 된다.

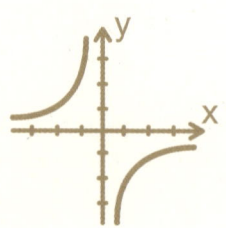

Exercise 02

다음 빈칸에 주어진 첫 글자로 시작하는 단어를 써넣으시오.

1. 'A _____' means 'any' and 'random' means 'by chance.'
2. All theories are developed based on various a _____.
3. By a _____ height, the Dutch are the tallest people in Europe.
4. E _____ does not change the answer for an equation, but only makes it simpler.
5. The zero e _____ of any number becomes 1.
6. In a proper f _____, the denominator is bigger than the numerator.
7. In statistics, f _____ means how often a number or a set of data occurs.
8. By i _____, a linear function becomes a quadratic one.
9. If data structure is symmetric, then the m _____ value will be the same as the average one.
10. Another name for p _____ is exponent.
11. The golden r ____ is around 1.618.
12. A q _____ function is symmetric with respect to the y axis.
13. If you divide 100 (dividend) by 30 (divisor), you will have 3 as the q _____ and 10 as the r _____.
14. Natural numbers are a s _____ of integers.
15. The maximum number of t ____ in a quadratic equation is three.

Answers

1. Arbitrary 2. assumptions 3. average 4. Elimination 5. exponent 6. fraction 7. frequency
8. integral 9. median 10. power 11. ratio 12. quadratic 13. quotient, remainder 14. subset
15. terms

Science-Technology-Engineering-Mathematics **History**

신기한 오일러 수

보통은 수학의 제왕으로 독일 수학자 가우스(C. F. Gauss, 1777-1855)를 말하지만, 필자는 오일러를 동일하게 최고로 꼽고 싶다. 오일러(Leonhard Euler, 1707-1783)는 스위스의 수학 명문가 베르누이(Bernoulli) 가문과도 친분이 깊었고, 러시아와 독일을 다니며 연구하다가 종내에는 시력이 약해져 장님이 되는, 그야말로 파란만장한 삶을 산 수학자이다. 그의 업적 가운데 하나가 자연로그의 밑수가 되는 e라는 수를 발견한 것이다. 이 숫자는 로그를 처음으로 만든 스코틀랜드의 수학자 네이피어(John Napier, 1550-1617)가 먼저 알았고, 오일러가 일반화했다고 하여, e는 Napier's constant(네이피어 상수) 또는 Euler's number(오일러 수)로 불리는데, 무리수이며 근삿값은 2.71828이다. 도대체 이 숫자의 의미는 무엇일까? 이 신기한 숫자를 추적해 보자.

e는 log의 도함수를 구하는 데서 나온다. 자세한 계산은 그렇게 복잡하지 않으니, 수학책을 참고하기 바란다. 이공계 학생이면 누구나 아는, e는 다음과 같다.

지수 계산에서 1의 아무리 큰 지수승도 1이다. 그런데 1보다 아주 약간 큰 수의 무한대 지수승도 여전히 1일까? 아니면 무한대일까? 그 답은 1과 무한대 사이지만, 놀랍게도 겨우 3보다 약간 작은 정도로 수렴한다는 것이 e가 가진 의미이다. 그러면 e는 도대체 어디에 사용될까? 우리의 일상생활을 지배하는 생활금융에서 놀라운 사용처가 있다.

경기가 아주 좋아져서 연이율 10%인 펀드가 있다고 하자. 그러면 월 이자는 (10/12)%가 되고, 하루 이율은 (10/365)%가 되고, 시간당 이율은 (10/365/24)%가 될 것이다. 예금 기간과 이율은 똑같은데, 기간을 잘게 잘라서 이율을 계산하면 실제 받을 총액은 점점 더 커진다. 왜냐하면 복리로 계산하여 계속 이자를 붙인 다음 이자만큼 늘어난 총액에서 다시 계산하기 때문이다. 아래의 복리계산을 보자. (아래의 1.1^10은 1.1의 10승을 말함)

예금기간과 동일기간 이자율은 같다: 10년=120개월=3650일=87600시간

연이율 10%로 계산하여 10년 예금 시 총액은   원금×(1+0.1)^10=원금×2.594

월이율로 계산하여 120개월 예금 시 총액은   원금×(1+0.1/12)^120=원금×2.707

하루 이자로 계산하여 3650일 예금 시 총액은   원금×(1+0.1/365)^3650=원금×2.718

시간당 이자로 계산하면 총액은   원금×(1+0.1/365/24)^3650×24=원금×2.718

기간을 잘게 나눌수록 총액은 증가하지만, 너무 오버해서 시간당·분당·초당으로 이자를 계산한다고 돈이 계속 증가하지는 않는다. 벌써 일자별 계산과 시간별 계산 결과, 총액이 거의 동일하다. 그러니 '일수 이자'로 계산하는 정도면 아무리 악독한 고리대금업자라도 만족해야 한다. 시간당으로까지 내려가 봐야 별 차이가 없다는 것을 오일러가 밝혀 준 것이다. 위의 이자계산법을 e와 연관시켜 잘 생각해 보기 바란다.

그런데 재미있게도 오일러는 지구의 한가운데가 비어 있다는 이론을 주장했었다. 지구가 자전하는 원심력에 의해 지구 내부가 비어 있다는 것이다. 심지어 내부에는 태양이 따로 존재한다는 주장도 곁들였다. 그리고 북극과 남극에 지구 내부로 통하는 큰 구멍이 있다는 그림도 제시했다. 북극과 남극에 지구 내부로 통하는 구멍이 있다거나 지구 중심에 또 다른 태양이 있다는 것은 좀 이상해 보이지만, 내부가 비어 있다는 설은 그럴듯해 보여서 필자도 좀 호기심이 동한다.

만약 지구 내부가 비어서 구각 형태(축구공처럼 구형 껍질 형태)라면 재미있는 현상이 생긴다. 지구 내부에서는 중력이 사라진다는 것이다. 구각의 한가운데 서 있다면 만유인력이 모든 방향에서 일정하게 당기니 상쇄되어 당연히 중력이 없을 것이다. 하지만 한쪽으로 치우쳐도 먼 쪽 구각은 거리는 멀지만 부피가 크고, 가까운 쪽은 거리가 가깝지만 부피가 작아서 절묘하게 서로가 상쇄된다. 이 계산은 '뉴턴의 구각적분'이라는 유명한 적분 계산인데, 대학 물리학 교재인 *Fundamentals of Physics* (David Halliday 외 공저)에 소개되어 있으니 관심 있는 독자들은 한번 풀어 보기 바란다.

3 그래프
Graph

과학기술자는 자신의 연구 결과를 그래프로 간결하게 잘 표현하고 또 타 연구자들이 만든 그래프를 제대로 이해할 수 있어야 한다. 화가가 그림으로 자신의 작품 세계를 표현한다면, 과학기술자는 그래프로 자신의 실험 결과를 제시하기 때문이다. 과학기술계 책이나 논문은 결국 새로운 이론식을 제시하거나 연구를 통해 얻은 데이터가 검증된 이론식과 얼마나 잘 맞는지를 그래프로 설명하는 자료이다. 여기에서는 도표(그래프)에 사용되는 용어들을 설명한다.

☑ Precheck

- ☐ coordinate, Cartesian coordinate, polar coordinate, spherical coordinate, coordinate system
- ☐ abscissa
- ☐ ordinate
- ☐ axis, horizontal axis, vertical axis, origin
- ☐ scale
- ☐ unit
- ☐ range
- ☐ increasing function
- ☐ decreasing function
- ☐ linear, linear function
- ☐ slope, tangent
- ☐ intercept
- ☐ constant
- ☐ parabola
- ☐ vertex
- ☐ variable
- ☐ hyperbola
- ☐ asymptote
- ☐ symmetric, axial symmetry, point symmetry
- ☐ asymmetric
- ☐ inflection
- ☐ concave
- ☐ convex
- ☐ trend
- ☐ peak
- ☐ plateau
- ☐ plunge
- ☐ parallel
- ☐ perpendicular
- ☐ parameter
- ☐ intersection, cross
- ☐ focus
- ☐ locus
- ☐ translation, rotation
- ☐ directrix
- ☐ normal line
- ☐ tangent line
- ☐ saturation, saturate
- ☐ histogram

coordinate 좌표 (그래프를 그리는 밑판인 좌표를 말한다.)
Cartesian coordinate 직교좌표 (데카르트의 이름에서 명명. 가로축과 세로축으로 나타내는 좌표) **polar coordinate** 극좌표 (반경과 각도로 표시한다.)
spherical coordinate 구좌표 (지구 같은 구형 물체 위의 위치를 표시할 때 사용한다.)
coordinate system 좌표계

The **Cartesian coordinate system** was developed by Descartes in the 17th century.
직교좌표계는 데카르트에 의해 17세기에 개발되었다.

---

abscissa 가로 좌표, x축

Abscissa is the horizontal axis of Cartesian coordinate.
abscissa는 직교좌표에서 수평축을 말한다.

---

ordinate 세로 좌표, y축 (이 단어는 수직 체계와 관계 있다. 위에서 지시하는 것은 order(명령), 성직자 임명은 ordination(사제 서품)이다.)

Ordinate is the vertical axis of Cartesian coordinate.
ordinate는 직교좌표에서 수직축을 말한다.

---

axis 축 (pl. axes) **horizontal axis** 수평축 **vertical axis** 수직축
origin 원점

In history, the **Axis** nations were Germany, Italy and Japan who fought against the Allied forces in World War II.
역사에서 Axis nations는, 제2차 세계대전에서 연합국들을 상대로 싸운 독일, 이탈리아, 일본을 말한다. (▶ 한때 부시 미국 대통령이 몇 개의 나라를 가리켜 Axis of evil(악의 축)이라고 말한 적이 있다. 과거 역사에서 Axis nations를 떠올리며 '악의 근원'이라는 뜻으로 사용한 것이다.)

---

scale 눈금, 척도

In log graphs, we have to be careful about **scales** that are not equally spaced.
로그 그래프에서는 균등하지 않게 자리한 눈금에 주의해야 한다.

unit 단위 (대괄호 안에 넣어 표시한다. *ex.* 미터 → [m])

Mistakes are easily made when one **unit** is converted to another one.

다른 단위로 환산할 때, 실수하기 쉽다.

---

range (그래프의) 범위 (함수에서 x의 범위는 domain, y의 범위는 range라고 한다.)

Here, the **range** varies from 1 to zero when the domain goes from 1 to infinity.

여기에서 x값이 1부터 무한대로 갈 때, y값은 1에서 0까지 변한다. (▶ y=1/x 그래프)

---

increasing function 증가함수

$y=x^2$ is simply an **increasing function**, when x>0.

x가 제로보다 큰 범위에서 $y=x^2$은 단조증가함수이다.

---

decreasing function 감소함수

y= 1/x is simply a **decreasing function**, when x>0.

x가 제로보다 큰 범위에서 y=1/x은 단조감소함수이다.

---

linea 선형의, 직선의　**linear function** 선형함수

y=ax+b is a **linear function**, which has a constant slope.

y=ax+b는 일정한 기울기를 가지는 선형함수이다.

---

slope 기울기　**tangent** 접선

At x=1, the **slope** of $y=x^2$ is 2.

x=1에서 $y=x^2$의 기울기는 2이다.

---

intercept 절편

We can get the y **intercept** by putting zero to x.

x에 제로를 대입하면 y 절편 값을 얻을 수 있다.

constant 상수
In functions or equations, **constants** are fixed numbers.
함수나 방정식에서 상수는 변하지 않는 숫자다.

---

parabola 포물선
A sagging laundry line shows a very similar shape of a **parabola**.
축 처진 빨랫줄은 포물선에 가까운 형태를 보인다.

---

vertex 꼭짓점 (*pl.* vertices)
At a **vertex**, the function has locally the maximum or minimum value bearing zero slope.
꼭짓점에서 함수는 국부적으로 최대값이나 최소값을 가지며 기울기는 제로다.

---

variable 변수
The impact study of each **variable** is necessary.
변수의 영향을 하나씩 조사해볼 필요가 있다.

---

hyperbola 쌍곡선
One **hyperbola** function makes two curves that never meet.
하나의 쌍곡선 함수는 두 개의 만나지 않는 곡선을 만든다.

---

asymptote 점근선
The **asymptotes** of $y=1/x$ graph are the axes themselves of the Cartesian coordinates.
$y=1/x$ 그래프의 점근선은 직교좌표의 축 자체이다.

---

symmetric 대칭적인   axial symmetry 축대칭
point symmetry 점대칭
In nature, we can find many **symmetric** shapes.
자연에서 우리는 많은 대칭 형태를 발견할 수 있다.

asymmetric 비대칭의 (=unsymmetrical)

Information **asymmetry** is an important issue in economics.

정보의 비대칭성은 경제학에서 중요한 이슈이다. (▶ 의사와 환자와의 관계처럼, 양자 간의 정보나 지식의 차이가 큰 경우를 정보의 비대칭성이라고 하며, 두 당사자 간에 공정한 계약이나 거래가 어렵다.)

---

inflection 변곡점 (point of inflection으로 saddle point라고도 하는데, saddle은 말안장을 말한다. 말안장이 앞뒤로는 오목한데, 좌우로는 볼록하기에 붙여진 이름이다.)

In $y=x^3$ graph, we have a **inflection** point at x=0.

$y=x^3$ 그래프는 x=0에서 변곡점을 가진다.

---

concave 오목한

Concave lenses are used to correct myopia.

오목렌즈는 근시 교정에 사용된다.

---

convex 볼록한

Convex lenses are used to correct hypermetropia.

볼록렌즈는 원시 교정에 사용된다.

---

trend 경향

The **trend** of the sine curve is like a wave; it goes up and down repeatedly.

사인 커브의 (변화) 경향은 파동과 비슷하다; 올라갔다 내려가기를 반복한다.

---

peak 최고치

How much is the **peak** value in this graph?

이 그래프에서 최고치는 얼마인가요?

---

plateau 플라토 (그래프가 높은 지점에서 계속 수평한 상태. 원래는 '고원'이라는 뜻)

The **plateau** part in this graph is rather long, comparing with the previous one.

앞의 것과 비교하면, 이 그래프는 플라토 부분이 상당히 같다.

plunge (그래프 값이) 급격히 떨어지다
Crude oil prices plunged 15% to 50 dollars a barrel.
원유가가 갑자기 15%나 떨어져서 배럴당 50불이 되었다.

---

parallel 평행한; 평행; 평행하다
To be parallel lines, two lines should lie in the same plane.
평행선이 되려면, 두 직선은 동일 평면상에 놓여야 한다.

---

perpendicular 수직인, 직각의; 수직
The product of the slopes of two perpendicular lines becomes -1.
두 수직한 선의 기울기를 곱하면 -1이 된다.

---

parameter 인수 (여러 개의 원인에 의해 결과가 바뀔 때, 그 원인들을 말한다.)
You can change these two dominant parameters to get better results.
더 나은 결과를 얻으려면 이 두 개의 중요한 인수를 바꿔 봐.

---

intersection 만나는 곳, 교차점   cross 교차하다
The intersection point of these two lines is exactly at x=2.
두 직선이 만나는 곳은 정확히 x=2인 점이다.

---

focus 초점 (*pl.* foci)
All rays of light emitted from the focus of a parabola mirror will travel parallel to each other after reflection.
포물선 거울의 초점에서 나온 모든 빛의 광선은 (거울에) 반사 후 서로 평행하게 진행한다.

---

locus 궤적 (*pl.* loci)
The word 'locus' comes from Latin with its original meaning of 'place' or 'location.'
locus 라는 단어는 라틴어에서 왔으며, 원래 의미는 '장소'라는 뜻이다.

translation 직선이동 **rotation** 회전이동

Translation in mathematics is changing location without **rotation**. The meaning of translation in daily life is an interpretation from one language to another.

수학에서 translation은 회전 없이 위치를 이동하는 것이다. 일상생활에서 translation의 뜻은 한 언어를 다른 언어로 옮기는 것이다.

---

directrix 준선 (기하학에서 사용하는 직선 보조선을 말한다. *pl.* directrices)

A **directrix** is any straight line used to analyze a geometric object.

directrix는 기하학 대상을 분석하기 위해 사용된 직선이다.

---

normal line 법선

The length of this **normal line** is the shortest distance between these two curves.

이 법선의 길이가 이 두 곡선 간의 최단 거리이다.

---

tangent line 접선

The **tangent line** at any point touches the curve without crossing it.

임의의 점에서 접선은 그 곡선에 접하지만 통과하지는 않는다.

---

saturation 포화 **saturate** 포화시키다

In this graph, the y values become **saturated** when x goes infinite.

이 그래프에서 x가 커지면 y는 포화된다. (▶ 증가가 멈추어서 더 이상 변화가 없다는 뜻)

---

histogram 막대그래프 (historical diagram을 줄여서 만든 단어라는 설이 있다.)

The **histogram** is a useful tool to understand the frequency of parameters.

막대그래프는 변수의 빈도를 이해하기에 유용하다.

Exercise 03

다음 빈칸에 주어진 첫 글자로 시작하는 단어를 써넣으시오.

1 A _ _ _ _ _ _ _ is the horizontal axis of Cartesian coordinate.

2 The a _ _ _ _ _ _ _ _ of y=1/x graph are the axes themselves of the Cartesian coordinates.

3 In functions or equations, c _ _ _ _ _ _ _ _ are fixed numbers.

4 We can get the y i _ _ _ _ _ _ _ _ by putting zero to x.

5 y= ax+b is a l _ _ _ _ _ function, which has a constant slope.

6 A sagging laundry line shows a very similar shape to that of a p _ _ _ _ _ _ _.

7 To be p _ _ _ _ _ _ _ lines, two lines should lie in the same plane.

8 The product of the slopes of two p _ _ _ _ _ _ _ _ _ _ _ _ lines becomes -1.

9 The r _ _ _ _ varies from 1 to zero when the domain goes from 1 to infinity.

10 In this graph, the y values become s _ _ _ _ _ _ _ _ when x goes infinite.

11 In log graphs, we have to be careful about s _ _ _ _ _ that are not equally spaced.

12 The t _ _ _ _ of the sine curve is like a wave; it goes up and down repeatedly.

13 Mistakes are easily made when one u _ _ _ is converted to another one.

14 The impact study of each v _ _ _ _ _ _ _ is necessary.

15 At a v _ _ _ _ _, the function has locally the maximum or minimum value.

Answers

1. Abscissa 2. asymptotes 3. constants 4. intercept 5. linear 6. parabola 7. parallel
8. perpendicular 9. range 10. saturated 11. scales 12. trend 13. unit 14. variable
15. vertex

Science-Technology-Engineering-Mathematics **History**

직교좌표와 데카르트

'나는 생각한다, 고로 나는 존재한다.'는 말로 유명한 데카르트(René Descartes, 1596-1650, 프랑스 수학자·철학자)는 근대 철학과 수학의 아버지로 불린다. 방정식을 표기할 때, 미지수는 x, y로 그리고 임의의 상수는 a, b, c 등으로 표기하는 것은 그가 처음으로 사용한 표기 방식이라고 한다. 그리고 제곱이나 세제곱 등 지수를 나타낼 때 숫자나 기호의 오른쪽 어깨 위에 지수를 작게 표기하는 방식도 데카르트가 처음 사용했다고 한다. 그러니 그는 현대수학의 알파벳을 처음 개발한 사람이라고 할 수 있다.

현재 우리가 사용하는 직교좌표계도 데카르트가 처음으로 개발하여 사용하게 된 좌표계이다. (더 오래 전에 직교좌표계를 사용한 역사가 있지만, 체계적으로 만든 사람이 데카르트이다.) 그는 교회 창문에 붙어 있는 파리의 위치를 어떻게 설명할 수 있을까를 고민하다가, 맨 아래 왼쪽 모서리에서 수평하게 (x) 오른쪽으로 얼마를 가고, 다시 수직으로 (y) 얼마를 올라가는 방식으로 위치를 표시하는 직교좌표계를 고안하게 되었다고 한다. 지금 생각해 보면 너무도 당연한 좌표계인데, 이런 가장 기본적인 것을 고안했기에 데카르트를 더욱 중요한 일을 한 사람으로 여기는 것 같다. 데카르트 전에 사용된 좌표계는 주로 삼각형 같은 도형과 관련되어 내부의 각도가 얼마라든지, 가장 긴 변이 빗변이라든지 하는 식으로, 일단 도형을 대상으로 좌표를 논했다고 한다. 직교좌표계가 개발된 후에는 도형도 단지 몇 개의 점만으로 표시되므로, 현재 컴퓨터를 이용하여 형태를 그리는 CAD 작업에 편리하게 데이터가 만들어질 수 있게 된 것이다.

직교좌표계의 가장 큰 특징은 한 축의 정보와 다른 축의 정보가 서로 독립이라는 점이다. 즉, x=2, y=3이라는 점이 있다면, x를 바꾸어도 (예를 들면, x=5) y는 값이 (여전히 y=3) 변하지 않는다는 것이다. x와 y가 서로 직각을 이루기 때문에 상호 독립적이어서 얻어지는 특징이다. 그래서 우리는 x, y, z의 세 개의 변수만 사용해서 3차원 상의 어느 지점이나 위치를 말할 수 있는 것이다. 이때, 단지 세 개의 변수만 사용하면 되지만, 그 반대로 적어도 세 개의 변수는 꼭 사용해야 한다. 즉 3차원을 표현하는 변수로서, x-y-z 3개는 남지도 않고 모자라지도 않는 꼭 필요한 변수의 숫자가 되는 것이다. 어떤 주소를 찾아가는 것은 x, y에 해당되고, 주소지 건물에서 몇 층인지는 z에 해당된다.

4 기하
Geometry

기하학은 수학의 원조이다. 피타고라스와 유클리드의 도형에서 시작된 것이 수학이다. 기하학은 추상적인 수학의 아이디어가 구상화·구체화되어 나타난 분야이다. 기하학의 기본은 삼각형이다. 삼각형을 여러 개 조합하면 (근사적으로) 어떤 기하학적 모양도 만들 수 있다. 삼각형에서 나온 삼각함수는 모든 주기함수의 기본 성질이며, 전기와 전파를 이해하는 기본이다. 중고등학교의 기하학 문제들은 보조선을 그어 푸는 방식이 많은데, 대학에서의 기하학은 벡터나 복소수 함수로 확장된다.

☑ Precheck

- ☐ acute angle, obtuse angle, right angle
- ☐ arc, chord
- ☐ circumference, perimeter
- ☐ circumscribe, inscribe
- ☐ congruence, similarity
- ☐ correspondence
- ☐ adjacent, opposite
- ☐ triangle, isosceles triangle, right triangle, scalene triangle, equilateral triangle, regular triangle
- ☐ hypotenuse, base, height
- ☐ quadrilateral, square, rectangle, parallelogram, rhombus, trapezoid
- ☐ hexagon, hexahedron
- ☐ tetrahedron
- ☐ quadrant, quartile
- ☐ plane, surface, face, area, plan
- ☐ volume, entity, capacity, body, solid
- ☐ edge, side
- ☐ polygon, regular polygon, polyhedron
- ☐ centroid, center of gravity
- ☐ complementary angle, supplementary angle
- ☐ diagonal, diameter
- ☐ dilation, dilatation, contraction
- ☐ prism, pyramid
- ☐ inverse, inverse function, reciprocal
- ☐ radius, ray, line segment

acute angle 예각 **obtuse angle** 둔각 **right angle** 직각

A triangle cannot have two **obtuse angles**.
한 삼각형이 두 개의 둔각을 가질 수 없다.

---

arc 호 (곡선) **chord** 현 (직선)

For a quarter circle, the **arc** length is R×Pi/2 (=1.571R) and the **chord** length is R×root(2) (=1.414R).
사분원의 호의 길이는 1.571R이고, 현의 길이는 1.414R이다. (▶ R은 원의 반지름)

---

circumference 원주 (원·타원의 둘레) **perimeter** 둘레 (각을 가진 도형의 둘레)

Pi is the ratio of a circle's **circumference** to its diameter.
원주율은 원의 둘레와 지름의 비율이다.

---

circumscribe 외접시키다 (circumscription 외접) **inscribe** 내접시키다 (inscription 내접)

For a square, the area of its **circumscribed** circle is two times bigger than its **inscribed** one.
정사각형의 외접원은 내접원보다 면적이 두 배로 크다. (▶ 외접원은 정사각형의 네 꼭짓점을 잇는 원, 내접원은 정사각형 각 변의 중심을 잇는 원이다.)

---

congruence 합동 **similarity** 닮음

The sign of **congruence** is '≡.'
합동을 표시하는 기호는 '≡'.

---

correspondence 대응

In mathematics, **correspondence** means a special relation between variables.
수학에서 대응이라 함은 변수들 간의 특별한 연관 관계를 말한다.

---

adjacent 인접하는 **opposite** 반대편의

In a right triangle, hypotenuse is the **opposite** side of the right angle.

직각삼각형에서 빗변은 직각의 반대편 변이다.

`triangle` 삼각형 `isosceles triangle` 이등변삼각형
`right triangle` 직각삼각형 `scalene triangle` 부등변삼각형
`equilateral triangle` 등변삼각형, 정삼각형 `regular triangle` 정삼각형

The height of an equilateral triangle is 0.866 times smaller than the length of the side.

정삼각형의 높이는 한 변의 0.866배이다.

`hypotenuse` 빗변 `base` 밑변 `height` 높이

In a right triangle, the length of a hypotenuse cannot be longer than the base plus the height.

직각 삼각형에서 빗변의 길이는 밑변과 높이를 더한 것보다 클 수 없다.

`quadrilateral` 사변형 (=사각형) `square` 정사각형 `rectangle` 직사각형
`parallelogram` 평행사변형 `rhombus` 마름모 `trapezoid` 사다리꼴

A trapezoid has only one pair of parallel sides.

사다리꼴은 한 쌍의 변만 평행이다.

`hexagon` 육각형 (2차원) `hexahedron` 육면체 (3차원)

A honeycomb is made of many hexagon shapes.

벌집은 여러 개의 육각형 모양으로 만들어졌다.

`tetrahedron` 사면체 (삼각형 4개로 이루어진 입체)

The tetrahedron has the least number of faces in polyhedrons.

사면체는 다면체 중 가장 적은 수의 면을 가진다.

`quadrant` 사분면 (직교좌표계에서 좌우와 상하로 나뉜 4개의 영역들 중 하나)
`quartile` 사분위수 (통계에서 모집단을 4등분하여 25% 또는 75%에 해당되는 값)

The value of a sine function is positive in the first and second quadrant.
일사분면과 이사분면에서 사인함수 값은 양이다.

---

plane 평면 **surface** 표면 **face** 면 **area** 면적 **plan** 평면도

A surface can be curved, but a plane cannot.
표면은 굽어질 수 있지만, 평면은 굽어질 수 없다.

---

volume 체적 **entity** 실체 **capacity** 용적 **body** 체 **solid** 고체 (속이 비지 않고 꽉 찬)

In geometry, capacity means the quantity of liquid that an empty volume can hold.
기하학에서 용적이란 속이 빈 입체가 점유할 수 있는 액체의 양을 말한다.

---

edge (입방체의) 변 **side** (도형의) 변, (입방체의) 면 (edge는 3차원 입방체에만 사용된다. side는 2차원 도형에서는 '변'으로, 3차원 도형에서는 '면'으로 사용되는 데 주의해야 한다.)

A hexahedron has 6 sides and 12 edges.
육면체는 6개의 면과 12개의 변을 가진다.

---

polygon 다각형 **regular polygon** 정다각형 **polyhedron** 다면체

Polygons are 2-D geometric figures and polyhedrons are 3-D ones.
다각형은 2차원 도형이며, 다면체는 3차원 도형이다.

---

centroid 기하중심 **center of gravity** 무게중심

If the density of a body is uniform, then the centroid of the body is at the same position as the center of gravity.
만약 물체의 밀도가 균일하다면 기하중심과 무게중심은 동일하다.

---

complementary angle 여각 (28도의 여각은 62도: 더해서 90도가 된다.)
supplementary angle 보각 (28도의 보각은 152도: 더해서 180도가 된다.)

Adjacent angles made by two crossed straight lines are supplementary ones.
두 개의 교차하는 직선이 만드는 인접각은 보각이다.

---

diagonal 대각선   **diameter** 지름

A diagonal is the longest straight line inside any quadrilateral.
임의의 사각형 내에서, 대각선은 가장 긴 직선이다.

---

dilation, dilatation 확대, 팽창   **contraction** 축소 (reduction도 '축소'이지만, 주로 간단해지는 것을 말한다.)

Dilation and contraction will not change the centroid of the figures.
확대나 축소를 해도 도형의 기하중심에는 변화가 없다.

---

prism 각기둥   **pyramid** 각뿔

A pyramid is a solid figure having one vertex at the top.
피라미드는 꼭대기가 한 점에서 만나는 3차원 도형이다.

---

inverse 역   **inverse function** 역함수   **reciprocal** 역수 (4의 역수는 1/4)
(inverse는 일반적인 의미의 '역'을 말한다. 그래서 9의 additive inverse(덧셈의 역)는 −9 (더해서 제로가 되는 수), multiplicative inverse(곱셈의 역 = reciprocal)는 1/9 (곱해서 1이 되는 수)이다. reciprocal은 단지 곱셈의 역에만 사용되는 단어. 한편, reverse라는 단어는 수학에서 특별히 사용되지는 않고, 일상생활에서 방향이 반대인 경우나 뒤집어지는 것에 많이 사용되는 단어)

A number multiplied by its reciprocal becomes 1.
어떤 수에 역수를 곱하면 1이 된다.

---

radius 반경   **ray** 광선 (한쪽은 고정이고 다른 쪽으로 무한히 뻗는 선)
line segment 선분 (길이가 정해진 선)

The radius is the distance from the center of a circle to its circumference.
반경은 원의 중심에서 원주까지의 거리이다.

> **Note** 기하학에 사용되는 용어들은 그리스어나 라틴어에서 온 접두어만 바꾸어 사용하는 경우가 많다. 그래서 용어가 상당히 규칙적이다. 아래의 3각형부터 10각형까지의 이름에서, 대문자로 쓴 접두사들은 3에서 10을 나타낸다.
>
> TRIangle, QUADRilateral, PENTAgon, HEXAgon, HEPTAgon, OCTAgon, NANOgon, DECAgon
> 아래는 위의 접두어들이 들어간 일반 단어들이다.
>
> Tripod (카메라용 삼각대), Quadrilingual (4개 언어에 능통한), Pentacle (별표 모양의), Hexapod (곤충-다리가 6개), Heptachord (음악에서 7음계), Octopus (문어-다리가 8개), Nanotechnology (극소공학: 10억분의 1(10^{-9}미터) 크기의 물체에 대한 연구), Decade (10년)

Exercise 04

다음 빈칸에 주어진 첫 글자로 시작하는 단어를 써넣으시오.

1. Pi is the ratio of a circle's c _ _ _ _ _ _ _ _ _ _ _ _ to its diameter.
2. The sign of c _ _ _ _ _ _ _ _ _ is '≡.'
3. A d _ _ _ _ _ _ _ _ is the longest straight line inside any quadrilateral.
4. A honeycomb is made of many h _ _ _ _ _ _ shapes.
5. In a right triangle, the length of a h _ _ _ _ _ _ _ _ _ cannot be longer than the base plus the height.
6. A triangle cannot have two o _ _ _ _ _ angles.
7. A surface can be curved, but a p _ _ _ _ cannot.
8. A p _ _ _ _ _ _ is a solid figure having one vertex at the top.
9. The value of a sine function is positive in the first and second q _ _ _ _ _ _ _.
10. The r _ _ _ _ _ is the distance from the center of a circle to its circumference.
11. A number multiplied by its r _ _ _ _ _ _ _ _ _ becomes 1.
12. A hexahedron has 6 s _ _ _ _ and 12 e _ _ _ _.
13. Adjacent angles made by two crossed straight lines are s _ _ _ _ _ _ _ _ _ _ _ _ ones.
14. The t _ _ _ _ _ _ _ _ _ _ has the least number of faces in polyhedrons.
15. A t _ _ _ _ _ _ _ _ has only one pair of parallel sides.

Answers

1. circumference 2. congruence 3. diagonal 4. hexagon 5. hypotenuse 6. obtuse 7. plane
8. pyramid 9. quadrant 10. radius 11. reciprocal 12. sides, edges 13. supplementary
14. tetrahedron 15. trapezoid

축구공의 기하학

지구상에서 가장 인기 있는 스포츠는 축구이고, 월드컵은 세계에서 가장 큰 행사이다. 축구 경기의 승패를 점칠 때 자주 등장하는 말이 '축구공은 둥글다'라는, 너무 당연하면서도 아리송한 말이다. 승부가 제멋대로 나온다면 '럭비공 튀는 방향과 같다'라는 말이 나올 것이고, 승부가 이전의 전적을 착실히 따르는 경향이 크다면 '공에도 눈이 있다'라는 말을 할지 모르겠다. 하지만 축구공은 둥글다는 말은 럭비공처럼 마음대로 튀는 것도 아니고, 볼링공처럼 바닥에 찰싹 붙어 굴러가는 것도 아닌, 그래서 가끔씩 이변을 동반할 수 있다는 말이다.

축구공은 구형이어야 한다. 그런데 평평한 가죽으로 구형을 만들어야 한다. 어떻게 만들어야 가장 구형에 가까울까? 옛날에는 배구공처럼 가죽을 길게 잘라서 만들었다고 한다. 그러다가 최근에는 아주 복잡한 도형이 개발되었다. 정5각형 12개와 정육각형 20개를 붙여서 만든 '깎은 20면체' 모양이다. 이런 공에 바람을 넣으면 이미 구형에 비슷하던 공이 더 구형에 가깝게 되는 것이다. 이 공은 1970년 멕시코 대회 때부터 사용되었다고 한다. 지금은 월드컵 공인구의 형태가 좀 바뀌었지만, 우리가 스포츠용품점에서 흔히 보는 축구공은 여전히 정5각형과 정6각형의 조합으로 이루어져 있다.

그러면 20면체도 복잡한데, 깎은 20면체는 무엇일까? 정20면체는 정삼각형 20개로 이루어지며, 12개인 각 꼭짓점(vertex)에서는 정삼각형 5개가 만난다. 이 다섯 개가 만나는 꼭짓점을 평평하게 깎아내면 꼭짓점은 정5각형으로 변하고, 꼭짓점이 깎인 옆에 있던 삼각형들은 정6각형으로 변한다. 그림 없이 글로만 읽는 독자들은 답답할 것인데, Wikipedia에서 icosahedron(20면체)을 검색해보라. 이렇게 만들어진 축구공은 꼭짓점마다 5각형 하나와 두 개의 6각형이 물려 있는 모양이다. 정6각형의 꼭짓점 각도는 120도, 정5각형은 108도이다. 그래서 축구공의 한 꼭짓점에서 주위를 회전하면 각도는 120+108+120=348도가 된다. 즉, 평면에서는 정6각형 세 개가 만나면 360도를 만들어 벌집모양의 간격 없는 이음새가 되는데, 축구공에서는 6각형 하나가 5각형으로 대체되면서 12도가 모자라게 된다. 모자란 각도를 매우기 위해 6각형과 5각형이 안으로 구부러져 변을 맞대며 구의 일부인 곡면을 만드는 것이다.

축구공의 표준 둘레는 27인치(68.58cm)인데, 공교롭게도 표준 테니스 라켓의 길이도 27인치이다. 테니스 라켓을 구부려 축구공에 감으면 끝에서 딱 맞아떨어질 것이다.

5 운동
Motion

운동은 물리학의 기본이다. 인간은 움직이는 동물이니 숙명적으로 움직임을 이해해야 한다. 그래서 기하학 다음으로 오래된 분야가 운동학이 아닌가 싶다. 운동학은 그 성질을 정성적으로(qualitatively) 이해하는 것은 어렵지 않으나, 정량적으로(quantitatively) 계산하는 것은 어렵다. 즉 돌을 위로 던지면 올라갔다가 다시 떨어진다는 사실은 누구나 알지만, 정확하게 얼마까지 올라가는지 계산하기는 쉽지 않다는 말이다.

☑ Precheck

- ☐ distance, displacement
- ☐ speed, velocity
- ☐ linear velocity, angular velocity
- ☐ acceleration, deceleration
- ☐ impact, impulse
- ☐ energy, momentum
- ☐ gravity
- ☐ kinetics, kinematics
- ☐ statics, dynamics
- ☐ deform, deformation, strain
- ☐ stress
- ☐ vector
- ☐ inertia
- ☐ inertial frame (of reference)
- ☐ special relativity
- ☐ general relativity
- ☐ centrifugal force, centripetal force
- ☐ classical mechanics, quantum mechanics
- ☐ friction
- ☐ orbit, trajectory
- ☐ precession
- ☐ field
- ☐ solar system

distance 거리   **displacement** 변위 (움직인 거리)

Displacement is the **distance** between the initial and final point of a moving body.

변위는 움직이는 물체의 처음과 마지막 점간의 거리이다.

---

speed 속력   **velocity** 속도

Velocity is a vector, but **speed** is a scalar quantity.

속도는 벡터, 속력은 스칼라.

---

linear velocity 선속도 (m/sec)   **angular velocity** 각속도 (rad/sec)

The **angular velocity** of the Earth is 15 degrees/hour.

지구의 (자전) 각속도는 시간당 15도이다.

---

acceleration 가속, 가속도   **deceleration** 감속, 감속도

If the **acceleration** of a moving body is zero, it moves with a constant speed without changing direction.

만약 움직이는 물체의 가속도가 제로라면, 물체는 일정한 속도로 방향을 바꾸지 않고 운동하는 것이다. (▶ 정속이거나 정지 상태이거나 가속도는 동일하게 제로)

---

impact 충격   **impulse** 충격량 (=Force × Time)

When we catch a ball, the **impact** force will be smaller if we use a softer glove than usual.

공을 받을 때, 보통보다 더 부드러운 글로브를 사용하면 충격을 줄일 수 있다.

---

energy 에너지   **momentum** 운동량 (=mv) (에너지는 일에 관여, 운동량은 힘에 관여)

The amount of **momentum** change becomes a force on the impacted bodies.

운동량 변화량이 충돌 물체 간의 힘이 된다.

---

gravity 중력 (형용사형 gravitational)

The word '**gravity**' comes from 'grave' which means 'heavy.'

중력 gravity는 grave에서 온 말인데, 무겁다는 뜻이다.

---

kinetics 역학 **kinematics** 기구학 (힘이나 무게를 고려하지 않고 운동 패턴만 연구하는 분야)

Gears and links are the main objects used for kinematics to study motion.
치차나 링크는 기구학에서 운동을 연구하는 대표적 대상이다.

---

statics 정역학 **dynamics** 동역학

If statics corresponds to a photo, dynamics does a movie.
정역학이 사진에 대응된다면, 동역학은 영화(동영상)에 대응된다.

---

deform 변형시키다 **deformation, strain** 변형 (deformation은 전체에, strain은 국소 변형에 주로 사용된다.)

The deformed shape shows that gravity is negligible.
변형된 형태로 보니, 중력의 영향은 무시할 만하다.

---

stress 응력 (압력과 동일한 단위)

The strongest steel can withstand up to around 1,000MPa of stress.
가장 강한 강철이 약 1천 메가파스칼 정도까지의 응력을 견딘다.

---

vector 벡터

To define a vector, we need its magnitude and its direction, not the origin.
벡터를 정의할 때, 크기와 방향만 필요하고, 출발점은 필요 없다.

---

inertia 관성

Inertia is when all moving bodies want to keep their initial velocity.
관성이란 모든 운동하는 물체가 처음 자신이 가졌던 속도를 그대로 유지하고 싶어 하는 것이다.

inertial frame (of reference) 관성계 (정지된 상태나 등속으로 움직이는 좌표계. 등속으로 움직이는 배 안에서의 물체의 운동은 정지된 육지에서의 운동과 동일하게 표현된다고 갈릴레이가 설명했다.)

In an **inertial frame**, the frame can move with a constant speed without changing direction.

관성좌표계는 좌표계 자체가 방향을 바꾸지 않고 정속으로 운동할 수 있다.

---

special relativity 특수상대성이론 (속도가 빨라서 빛의 속도에 근접하는 비행기 안이라면, 시간은 천천히 흐르고 물체의 길이는 짧아진다는 이론)

The **special relativity** was first proposed by Poincaré, a French mathematician, in 1905 and the concept was reinterpreted more deeply by Einstein in the same year.

특수상대성이론은 1905년 프랑스 수학자 푸앵카레에 의해 처음으로 제안되었고, 같은 해 아인슈타인이 그 개념을 훨씬 더 깊게 재해석하였다.

---

general relativity 일반상대성이론

By **general relativity**, Newton's law of universal gravitation was obliged to be corrected.

일반상대성이론에 의해, 뉴턴의 만유인력의 법칙은 수정되지 않을 수 없었다.

---

centrifugal force 원심력   **centripetal force** 구심력

When you tie a body to a string and swing it around in a circle, you can feel a **centrifugal force**.

물체를 줄에 묶어 빙빙 돌리면, 원심력을 느낄 수 있다.

---

classical mechanics 고전역학   **quantum mechanics** 양자역학 (고전역학은 모든 물체를 원자들이 연속적으로 붙어 있는 연속체로 보지만, 양자역학은 불연속체로 본다. 쉽게 말하면, 양자역학은 아주 작은 세계에서 물체를 디지털적으로 연구하는 물리학이라고 보면 된다.)

Classical mechanics deals with big bodies, but **quantum mechanics** deals with very tiny matter.

고전역학은 상당히 큰 물체를 다루지만, 양자역학은 아주 작은 물질을 다룬다.

friction 마찰 (고체 마찰은 속도에 무관. 유체 마찰은 속도가 크면 마찰력도 증가)

Rain drops do not accelerate infinitely due to the increasing air friction according to the speed.

속도가 증가하면 공기 마찰이 계속 증가하기 때문에, 빗방울은 무한대로 가속되지 않는다.

---

orbit, trajectory 궤적 (orbit은 행성의 궤적, trajectory는 물체의 궤적에 주로 사용)

The orbit of the Earth around the Sun is an elliptical one, not a circular one.

지구가 태양을 도는 궤적은 원 궤적이 아니라 타원 궤적이다.

---

precession 세차(운동) (지구가 수직에서 23.5도 기울어져 자전하는 축 자체가 아주 천천히 회전하는 현상. 주기는 2만6천 년이라고 한다.)

Due to the precession movement, we observe different stars than our ancestors did at the same position.

세차운동 때문에 우리는 동일 위치에서 우리 조상들과 다른 별들을 보게 된다.

---

field 장 (장은 과학에서 아주 중요한 개념이다. 영어에서 필드라고 하는 것처럼, 한 가지 작물을 심은 밭이라고 생각하면 쉽다. 밀밭에 바람이 불면 밀들이 다 한쪽으로 눕는 것처럼, 어떤 외부 요인에 의해 주위가 전부 비슷하게 반응하는 것을 말한다. 밀이 바람에 다 눕지만, 자세히 보면 키에 따라, 위치에 따라 약간씩 드러눕는 정도가 다르다. 이렇게 어떤 영향에 의해 전체가 비슷한 경향을 가지지만, 국부적으로는 다른 반응을 보이는 환경을 필드라고 한다.)

In the analysis of a fluid field, arrows are normally used to show the direction and the magnitude of flow.

유체장의 해석에서 흐름의 방향, 크기를 나타내기 위해 주로 화살표를 사용한다.

---

solar system 태양계

The nearest planet to the Sun in the solar system is Mercury.

태양계에서 가장 태양에 가까운 행성은 수성이다.

> **Note** 요일 이름은 태양계에서 유래했다. 아래 영어 요일 옆 괄호 안의 요일 이름은 불어이다. 일·월·토요일 이름은 영어로 태양계 행성과 이름이 잘 맞고, 화·수·목·금요일 이름은 불어와 태양계 행성의 이름이 잘 맞는다.
>
> 일요일 Sunday (dimanche) → 태양 (Sun)
> 월요일 Monday (lundi) → 달 (Moon)
> 화요일 Tuesday (mardi) → 화성 (Mars)
> 수요일 Wednesday (mercredi) → 수성 (Mercury)
> 목요일 Thursday (jeudi) → 목성 (Jupiter)
> 금요일 Friday (vendredi) → 금성 (Venus)
> 토요일 Saturday (samedi) → 토성 (Saturn)

Exercise 05

다음 빈칸에 주어진 첫 글자로 시작하는 단어를 써넣으시오.

1. If the a _ _ _ _ _ _ _ _ _ _ _ of a moving body is zero, it moves with a constant velocity.
2. When you tie a body to a string and swing it around in a circle, you can feel a c _ _ _ _ _ _ _ _ _ _ force.
3. The d _ _ _ _ _ _ _ shape shows that gravity is negligible.
4. D _ _ _ _ _ _ _ _ _ _ _ is the distance between the initial and final point of a moving body.
5. If statics corresponds to a photo, d _ _ _ _ _ _ _ does a movie.
6. In the analysis of a fluid f _ _ _ _, arrows are used to show the direction and the magnitude of flow.
7. Rain drops do not accelerate infinitely due to the increasing air f _ _ _ _ _ _ _ according to the speed.
8. I _ _ _ _ _ _ is when all moving bodies want to keep their initial velocity.
9. Gears and links are the main objects used for k _ _ _ _ _ _ _ _ _ to study motion.
10. The amount of m _ _ _ _ _ _ _ _ change becomes a force on the impacted bodies.
11. The o _ _ _ _ _ of the Earth around the Sun is an elliptical one, not a circular one.
12. Classical mechanics deals with many big bodies, but q _ _ _ _ _ _ _ mechanics deals with very tiny matter.
13. Velocity is a vector, but s _ _ _ _ _ is a scalar quantity.
14. The strongest steel can withstand up to around 1,000MPa of s _ _ _ _ _ _.
15. To define a v _ _ _ _ _ _, we need its magnitude and its direction, not the origin.

Answers
1. acceleration 2. centrifugal 3. deformed 4. Displacement 5. dynamics 6. field 7. friction
8. Inertia 9. kinematics 10. momentum 11. orbit 12. quantum 13. speed 14. stress 15. vector

Science-Technology-Engineering-Mathematics History

갈릴레이의 낙하실험

현대 과학기술의 시초라고 할 운동학과 역학의 아버지는 뉴턴(Isaac Newton, 1642-1727)이라고 할 수 있다. 하지만 뉴턴이 어느 날 떨어지는 사과를 보고 갑자기 중력을 알게 된 것은 아니다. 코페르니쿠스, 케플러, 갈릴레이가 먼저 고민하고 밝혀낸 것들을 토대로 연구한 것이다. 그래서 뉴턴을 물리학의 아버지라고 한다면, 갈릴레이(Galileo Galilei, 1564-1642)는 할아버지라고 불러야 할 것이다. 신기한 것은 갈릴레이가 타계한 해에 뉴턴이 태어났다는 것이다. 갈릴레이는 1642년 1월초에 타계했고, 뉴턴은 그해 말 크리스마스에 태어났다고 한다. 마치 죽은 갈릴레이가 다시 태중에 들어가 10개월을 보낸 후 뉴턴으로 환생한 것 같은 느낌마저 준다.

이제 피사의 기울어진 탑에서 행해졌다는 갈릴레이의 낙하실험을 살펴보자. 당시 피사, 피렌체 지역은 르네상스운동이 일어났던, 지구에서 가장 개화된 지역이었다. 그 피사의 사탑에서 갈릴레이는 많은 사람들을 모아놓고 총알 크기의 쇠 구슬과, 볼링공 크기의 쇠공을 동시에 떨어뜨려서 거의 동시에 떨어지는 장면을 모두에게 보여주었다고 한다. 하지만 실제로 이 낙하실험은 없었다고 추정하는 것이 정설이다. 이유인즉슨, 공개적 실험을 했다면 다른 자료에서 여러 가지 이야기들이 나왔을 터인데, 없다는 것이다.

대화록이라는 책에서 그는, 쇠공과 쇠구슬을 사용하는 실험 대신 '사고실험'에 대한 기술을 하고 있다고 한다. 즉, "만약 큰 쇠공과 작은 쇠구슬을 끈으로 연결해서 떨어뜨린다면, 그래서 큰 공이 먼저 떨어진다면, 큰 공은 작은 공을 아래로 당기고 작은 공은 억지로 큰 공을 따라 떨어진다. 그래서 떨어지는 속도는 큰 공 하나만 떨어질 때 보다는 늦고, 작은 공만 떨어뜨릴 경우보다는 빠를 것이다. 그런데 지금은 두 공을 연결했으니, 전체 무게는 더 무거워져 큰 공 하나보다 더 빨리 떨어져야 한다. 큰 공이 작은 공보다 더 빨리 떨어질 경우 이렇게 두 개의 상반된 결과가 나오지만, 동시에 떨어진다면 이런 모순이 없어진다."라고 기술했다고 한다.

갈릴레이는 생각으로만 실험을 하여 올바른 결론에 이르렀다는 것이다. 하지만 그는 관찰도 했다. 성당의 샹들리에가 흔들리는 것을 관찰하며, 진자가 흔들릴 때의 속도는 진자의 무게와는 관계없고 길이만 관계된다는 것을 알았다. 낙하와 진자의 흔들림은 상당한 관계가 있는 운동이다. 실제 시계추의 흔들리는 속도는 추의 무게와 무관하고, 길이에만 관계하여 길이가 길어지면 천천히 흔들린다.

6 변형
Deformation

변형은 운동하는 물체의 운동이 가로막힐 경우 물체 내에 발생하는 형상의 변화를 말한다. 물체는 파괴되기 전에 먼저 변형을 수반하기 때문에 변형을 연구하여 물체의 구조적 '건강성'을 평가할 수 있다. 한편, 이런 경우는 원치 않는 변형을 말하는 것이고, 물체의 형상을 바꿀 목적인 공정에서는 변형을 쉽게 만들어 내야 한다. 예를 들면 알루미늄 캔이나 긴 쇠파이프를 만드는 공정은 변형을 이용하는 것이다. 기계공학의 중요한 분야인 고체역학에서 주로 다룬다.

☑ Precheck

- ☐ solid mechanics
- ☐ free body diagram
- ☐ vector, tensor
- ☐ tension, tensile
- ☐ compression, compressive
- ☐ pressure
- ☐ load
- ☐ body force, surface force
- ☐ torque, torsion
- ☐ bending
- ☐ displacement, deflection
- ☐ deformation value, strain value
- ☐ stress
- ☐ equivalent stress
- ☐ yield stress
- ☐ allowable stress
- ☐ modulus of elasticity
- ☐ modulus of rigidity
- ☐ Poisson's ratio
- ☐ stiffness
- ☐ plasticity, plastic
- ☐ strength
- ☐ toughness, brittleness
- ☐ hardness
- ☐ strain hardening
- ☐ fatigue
- ☐ creep
- ☐ ductile, brittle
- ☐ stress concentration
- ☐ shear stress
- ☐ principal stress
- ☐ virtual work
- ☐ redundancy
- ☐ hoop stress
- ☐ composite
- ☐ moment of inertia
- ☐ superposition
- ☐ buckling

solid mechanics 고체역학 (하중에 의한 고체의 변형과 파괴를 연구하는 분야)

Solid mechanics deals with the behavior of solid materials as a continuum.

고체역학은 고체 물질을 연속체로 다룬다. (▶ 연속체로 다룬다는 말은 물질을 불연속적인 원자 레벨의 미시적 관점에서 보는 것이 아니라, 거시적 관점에서 연구한다는 뜻)

---

free body diagram 자유물체도 (물체를 전체에서 관심 있는 부분만 분리해 내면서 분리되는 경계 부분에 적절한 힘을 부여한 그림)

A proper **free body diagram** should satisfy the conditions of the force and moment equilibrium.

제대로 된 자유물체도는 힘과 모멘트의 평형 방정식을 충족해야 한다.

---

vector, tensor 벡터, 텐서 (번역 없이 원어를 사용한다. 벡터는 변형되지 않는 강체(rigid body)에 적용되고 텐서는 변형되는 재료의 계산에 사용된다. 텐서는 크기와 방향에 위치 정보가 추가된다.)

A **vector** is not sufficient to describe deformable bodies.

벡터는 변형되는 물체를 설명하기에는 충분하지 않다.

---

tension 인장 (재료를 당기는 하중)　**tensile** 인장의

The **tensile** test is used to study the yield and fracture behavior of materials.

인장 시험은 재료의 항복과 파괴 특성을 연구하기 위한 것이다.

---

compression 압축 (재료를 누르는 하중)　**compressive** 압축의

Concrete material shows higher **compressive** strength than tensile strength.

콘크리트 재료는 인장보다 압축 강도가 더 크다.

---

pressure 압력 (면이 변형되어도 언제나 면에 수직으로 작용하는 하중)

Atmospheric **pressure** is around 0.1MPa.

대기 압력은 약 0.1 메가파스칼이다.

load 하중 (재료에 작용하는 힘을 말함. 체적력과 표면력이 있다.)

Seismic load is a body load exerted on materials by acceleration.

지진하중은 재료에 가속도로 가해지는 체적력이다. (▶ seismic load = load by earthquake 지진하중)

---

body force 체적력 (중력이나 전자기력)   **surface force** 표면력 (압력, 기계적 힘)

Water pressure is a typical surface force.

수압은 대표적인 표면력이다.

---

torque 회전력   **torsion** 비틀림, 염전력 (회전력과 염전력 둘 다 재료를 비트는 하중)

Torque is a moment applied on materials.

회전력은 물체에 가해진 모멘트이다. (▶ 모멘트가 가해질 때, 물체가 구속되어 있지 않으면 회전하고, 구속되어 있으면 뒤틀린다.)

---

bending 굽힘 (재료를 휘게 하는 하중)

Slender beams are very weak against bending.

가느다란 빔은 구부림 하중에 아주 약하다.

---

displacement 변위   **deflection** 휨, 처짐

The maximum deflection of simple support beams occurs at the middle.

단순지지 빔의 최대 변위는 중앙에서 생긴다. (▶ 단순지지: 양쪽 끝의 변위는 고정, 회전은 가능)

---

deformation value, strain value 변형률 (변위의 미분값 또는 단위 길이당 변위)

The deformation value is obtained by calculating the derivative of displacement.

변형률은 변위값의 미분으로 얻어진다.

---

stress 응력 (국부적으로 재료가 견디는 압력이며, 과다하면 파괴됨)

The mechanical stress is expressed by the internal force per unit area in a material.

기계적 응력은 재료 내부의 단위면적당 힘으로 표시된다.

equivalent stress 등가응력 (재료가 모든 방향에서 동일한 응력을 받으면 낮아지고, 한 방향으로는 당기고 다른 방향에서 압축하면 커진다. 등가응력값이 재료의 강도보다 크면 재료는 파괴된다.)

Maximum shear stress is used as an equivalent stress for ductile materials.
최대 전단응력은 연성 재료의 등가응력으로 사용된다.

---

yield stress 항복응력 (재료가 탄성 영역을 벗어나 변형을 심하게 시작하는 점. 재료가 파괴되는 것은 아니나 더 이상 정상적으로 사용하지 못하게 된다.)

The yield stress of general carbon steel is around 300-400MPa.
일반 탄소강의 항복응력은 300~400 메가파스칼 정도이다.

---

allowable stress 허용응력 (설계에서 재료가 파괴되지 않기 위해 더 넘지 않아야 할 응력값. 보통은 항복응력을 허용응력으로 사용한다.)

Allowable stress decreases when the temperature of the material increases.
허용응력은 재료의 온도가 올라가면 내려간다.

---

modulus of elasticity 탄성계수 (Young's modulus라고도 한다. 재료가 힘을 받으면 얼마나 늘어나는지를 나타내는 계수. 강철은 200GPa, 알루미늄은 70GPa 정도)

The modulus of elasticity of steel is around 200GPa.
철강의 탄성계수는 약 200 기가파스칼이다.

---

modulus of rigidity 전단탄성계수 (탄성계수의 0.5~0.33배)

The modulus of rigidity for steel is around 40% of the modulus of elasticity.
철강의 전단탄성계수는 탄성계수의 40% 정도이다.

Poisson's ratio 포아송 비 (재료를 길이 방향으로 당기면, 늘어나면서 단면적이 줄어드는 비율을 말한다. 고무는 0.5에 가깝고, 철강은 0.3 정도의 값을 가진다. 0보다 작을 수 없고, 0.5보다 클 수 없다.)

If a material has Poisson's ratio of 0.5, there is no volumic change by tension or compression in one direction.

만약 어떤 재료의 포아송 비가 0.5이면, 한쪽 방향으로 당기거나 눌릴 때 체적 변화가 없다.

`stiffness` 강성 (탄성계수는 간단한 시편에 대해서 적용되지만, 강성은 구조물 전체에 적용된다. 단위 힘에 대해 구조물이 얼마나 이동하는지로 나타낸다. 구조물을 간단한 스프링처럼 취급, F=kx를 적용하여 k(강성)=F/x)

Stiffness of a structure is measured by the displacement caused by unit force.

구조물의 강성은 단위 힘에 의해 야기된 변위로 측정한다.

`plasticity` 소성, 가소성 (재료에 심한 하중을 가할 경우 영구히 변형되는 성질)

`plastic` 소성의

Plastic deformation is the remaining deformation after removal of the exerted loads.

소성 변형은 가해진 힘을 제거해도 남아 있는 변형이다.

`strength` 강성 (재료가 얼마나 큰 힘에 견디는지를 말함)

The strength of a material is measured by the tensile test.

재료의 강성은 인장 시험으로 측정한다.

`toughness` 인성 `brittleness` 취성 (재료가 충격에 강하면 인성이 크고, 충격에 잘 깨지면 취성이 크다고 말함. 철강의 경우 탄소 함유량이 증가하면 취성이 커진다.)

If steel contains more carbon, it shows higher brittleness.

철강은 탄소를 많이 함유하면 더 큰 취성을 보인다.

`hardness` 경도 (표면이 얼마나 딱딱한지를 나타냄.)

A material having higher hardness is more resistant against scratches.

더 높은 경도를 가진 재료는 (표면) 스크래치에 더 강하다.

`strain hardening` 변형[가공] 강화 (재료가 심한 변형을 받을 경우 강도가 점점 강해지는 현상. 고난을 겪어본 사람이 더 강해지는 것과 유사함)

Strain hardening is also known as work hardening or cold working.
변형 강화는 다른 말로는 가공 경화 또는 냉간 가공(경화)이라고 한다.

`fatigue` 피로 (재료가 반복되는 하중을 받아서 파괴되는 현상으로, 철사를 여러 번 반복해서 구부리면 쉽게 끊어지는 현상 같은 것)

Understanding the `fatigue` phenomenon is very important in order to design and to select airplane materials.
피로 현상의 이해는 항공기 재료를 설계하고 선정하는 데 아주 중요하다.

`creep` 고온 변형 (고온에서 재료가 약해져 엿가락처럼 늘어지는 현상)

For metals, `creep` becomes noticeable at a temperature higher than 30% of its melting point.
철강의 크립 현상은 녹는점의 30% 이상의 온도에서 확실히 나타난다.

`ductile` 잘 늘어나거나 펴지는, 연성의   `brittle` 잘 변형되지 않고 파괴되는, 취성의

Aluminium is a typical `ductile` material and all ceramics are typical brittle materials.
알루미늄은 전형적인 연성 재료이고, 모든 세라믹은 전형적인 취성 재료이다.

`stress concentration` 응력집중 (불연속한 부분에서 응력이 크게 걸리는 현상)

To avoid `stress concentration`, designers try to make rounded corners.
응력집중을 피하기 위해 설계자들은 모퉁이에 라운드를 주려고 노력한다.

`shear stress` 전단응력 (가로로 자르는 것과 동일한 응력. 인장-압축과 대조되는 응력)

The fractures of ductile materials are mainly due to `shear stress`.
연성 재료의 파괴는 주로 전단응력 탓이다.

`principal stress` 주응력 (인장-압축과 전단응력이 동시에 걸릴 때, 각도를 바꾸면 인장-압축만 걸리는 면을 찾을 수 있고, 그 면에서의 인장-압축 응력을 말함)

Along the axis of **principal stress**, all shear stresses change into tensile or compressive stresses.
주응력 축을 따르면, 모든 전단응력이 인장이나 압축응력으로 바뀐다.

---

virtual work 가상일 (응력이나 반력을 계산할 때, 가상으로 기구를 움직여 봐서 가상적 변위 비율로 힘의 크기를 계산하는 방식)

The principle of **virtual work** is an energy method to solve displacement.
가상일의 원리는 변위를 구하기 위한 에너지 방법이다.

---

redundancy 잉여 (구조를 설계할 때, 안전을 위한 여유분 구조물)

For a nuclear industry, the **redundancy** design is very important to maximize the safety margin.
핵발전 산업에서는 안전 여유를 최대화하는 잉여 구조물 설계가 아주 중요하다.

---

hoop stress 후프응력 (원통 용기에 압력이 작용할 경우의 팽창응력)

The typical pressure vessel is designed to withstand high **hoop stress**.
전형적인 압력 용기는 높은 후프 스트레스에 견디도록 설계된다.

---

composite 복합재료, 합성물; 합성의 (플라스틱이나 비닐, 세라믹 재료를 여러 겹 포개서 만든 재료. 항공기 내부 구조용, 스포츠 용품 등에 주로 사용된다.)

In the automobile industry, steel is being replaced more and more by **composite** material.
자동차 산업에서 철강이 점점 복합재료로 대체되고 있다.

---

moment of inertia (단면) 이차모멘트, 관성모멘트 (재료의 단면이 중심에서 얼마나 멀리 있는지를 계산한다. 속이 빈 철봉이나, I자 형태의 구조용 빔은 이차모멘트를 극대화한 설계이다.)

High **moment of inertia** means a high bending stiffness.
이차모멘트가 크면 구부림에 더 큰 강성을 가진다는 것을 의미한다.

superposition 중첩 (선형계의 경우, 여러 개의 하중을 한꺼번에 주었을 때와, 하나씩 나누어 준 후에 더한 결과가 동일한 원리를 이용하여 쉽게 계산하는 방식)

Superposition property is one of the important characteristics of linear systems.
중첩 특성은 선형계의 중요한 특징 중 하나이다.

---

buckling 좌굴 (알루미늄 음료수 캔을 위에서 누르면 찌그러지는 것처럼, 두께가 얇은 재료가 압축력을 받을 때 작은 힘에도 급격하게 변형되는 현상)

Buckling is a kind of instability, leading to failure of the material.
좌굴은 일종의 불안정성인데, 재료의 파괴로까지 이어진다.

Exercise 06

다음 빈칸에 주어진 첫 글자로 시작하는 단어를 써넣으시오.

1. Slender beams are very weak against b _ _ _ _ _ _.
2. If steel contains more carbon, it shows higher b _ _ _ _ _ _ _ _ _.
3. B _ _ _ _ _ _ _ is a kind of instability, leading to failure of the material.
4. For metals, c _ _ _ _ becomes noticeable at a temperature higher than 30% of its melting point.
5. The maximum d _ _ _ _ _ _ _ _ _ of simple support beams occurs at the middle.
6. Understanding the f _ _ _ _ _ _ phenomenon is very important in order to design and to select airplane materials.
7. A material having higher h _ _ _ _ _ _ _ is more resistant against scratches.
8. Seismic l _ _ _ is a body load exerted on materials by acceleration.
9. Atmospheric p _ _ _ _ _ _ _ is around 0.1MPa.
10. For a nuclear industry, the r _ _ _ _ _ _ _ _ _ design is important for the safety margin.
11. The fractures of ductile materials are mainly due to s _ _ _ _ stress.
12. S _ _ _ _ _ _ _ _ _ _ _ _ property is one of the important characteristics of linear systems.
13. The t _ _ _ _ _ _ test is used to study the yield and fracture behavior of materials.
14. T _ _ _ _ _ is a moment applied on materials.
15. The principle of v _ _ _ _ _ _ work is an energy method to solve displacement.

Answers

1. bending 2. brittleness 3. Buckling 4. creep 5. deflection 6. fatigue 7. hardness 8. load
9. pressure 10. redundancy 11. shear 12. Superposition 13. tensile 14. Torque 15. virtual

69

Science-Technology-Engineering-Mathematics **History**

철골구조물의 거장 에펠과 티모셴코

역사학자들은 인간이 사용한 도구의 재료를 기준으로 시대를 나눈다. 그래서 우리는 타제·마제 석기시대를 지나 청동기를 보내고 지금은 철기시대에 산다. 어떤 학자들은 20·21세기를 플라스틱이나 세라믹 시대로 분류하자는 주장도 한다. 하지만 여전히 철기시대이다. 그런데 20세기부터는 좀 달라진 부분도 있다. 전반기에는 철을 도구로만 사용했다면, 19세기말부터는 건물, 교량, 대형구조물에 철골을 이용하여 인간이 극복할 수 없었던 높은 공간을 정복하고 단절된 공간을 연결했다.

철골 콘크리트 구조를 가진 거대 빌딩은 그 자체가 하나의 도시이다. 이 거대 빌딩을 철재로 만들 수 있다는 가능성을 보여준 최초의 작품이 바로 에펠탑(1889)이다. 프랑스의 엔지니어 에펠(Gustave Eiffel, 1832-1923)이 건조한 에펠탑은 간단한 막대기형 부재만 사용하여 삼각형 모양으로 연결해 나가면서 위로 갈수록 좁아지는 형이다. 높이가 무려 324미터에 이른다. 에펠탑 이후 시카고에 고층빌딩이 들어서고 뉴욕을 비롯한 세계 주요 도시에 마천루가 세워지기 시작했다. 이런 고층빌딩이 없었더라면 도시화의 진행은 더디었을 것이고 문명의 집약도는 현저하게 떨어졌을 것이다.

한편, 에펠은 막대기형 부재를 삼각형으로 연결하여 인장-압축만 걸리는 구조를 이용했지만, 러시아 태생의 공학자 티모셴코(Stephen Timoshenko, 1878-1972)는 부재의 구부림과 전단, 좌굴을 포함한 모든 거동을 정리하여 설계에 적용함으로써 역학의 아버지로 불린다. 그는 1922년 미국으로 건너와 미시간 대학과 스탠포드 대학에서 학생들을 가르쳤다. 그가 쓴 대학 교재 *Strength of Materials*(1955)는 반세기를 넘기며 고체역학의 바이블 자리를 지키고 있다. 1957년부터 미국기계공학회가 수여하는 티모셴코 메달(Timoshenko Medal)은 응용역학 분야에서 최고의 상으로 인식되는데, 첫 해는 본인에게 수여되었다. 역대 수상자 면면을 보면, 우리가 책에서 만나는 기라성 같은 사람들이 수상자들임을 확인할 수 있다.

티모셴코 같은 훌륭한 엔지니어들이 많았던 구소련에서는 1957년에 스푸트니크(Sputnik)라는 인류 최초의 위성을 쏘아 올리는 데 성공한다. 아이러니하게도 1957년이라는 동일 연도에 미국에서는 최대의 적이었던 소련 출신 과학자를 위한 상을 만들고, 소련은 자신들의 힘으로 미국보다 앞서 인공위성을 쏘아올린 것이다. 소련 출신이지만 미국 시민이었던 티모셴코는 마음이 복잡했을 것 같다.

7 흐름
Flow

유체는 고체와 달리 전단응력에 저항하지 못한다. 유체가 전단력에 저항하지 못하는 실례로는 큰 배도 육지에 던져둔 밧줄을 한 사람이 잡고 당기면 배를 움직일 수 있다는 것이다. 물론 빨리 움직이려면 큰 힘이 필요하지만 배를 아주 천천히 움직이기만 하려면 작은 힘으로도 가능하다. 한편 유동에는 항상 열전달 문제가 동반된다. 대류에 의한 열전달이 생기거나 열전달을 위해서 유동을 이용하기 때문이다. 그래서 열전달과 유동 해석은 늘 따라다니는 바늘과 실이다.

☑ Precheck

- ☐ fluid
- ☐ continuum
- ☐ flow
- ☐ streamline
- ☐ buoyance
- ☐ static pressure
- ☐ dynamic pressure
- ☐ viscosity
- ☐ kinematic viscosity
- ☐ compressible, incompressible
- ☐ laminar flow
- ☐ turbulent flow
- ☐ boundary layer
- ☐ vortex
- ☐ flux, flow rate
- ☐ Reynolds number
- ☐ drag
- ☐ pressure drop
- ☐ head loss
- ☐ barometer
- ☐ gradient
- ☐ leakage
- ☐ rheology
- ☐ surface tension
- ☐ capillary action
- ☐ heat transfer coefficient
- ☐ surge
- ☐ check valve
- ☐ Bernoulli's equation
- ☐ Navier-Stokes equation
- ☐ wave
- ☐ cavitation
- ☐ lubrication
- ☐ steady state
- ☐ transient state

fluid 유체 (기체와 액체를 다 합쳐 유동성이 있는 것을 말함)
Fluid cannot resist deformation by shear stress.
유체는 전단응력에 의한 변형에 저항하지 못한다.

---

continuum 연속체 (원자단위가 아닌, 거시적 관점에서 해석할 때 충일한 물체를 말함)
Macroscopically, matter is considered as a continuum.
거시적으로 (보면) 물질은 연속체로 여겨진다.

---

flow 유동 (질량이 속도를 가지고 지속적으로 이동하는 것)
The flow of fluid happens by pressure difference.
유체의 유동은 압력차에 의해 발생한다.

---

streamline 유선 (유체가 흐르는 길을 나타낸 선. 교차될 수 없다.)
Streamlines show the direction of flow, and the flow is faster where the streamlines are denser.
유선은 유동의 방향을 나타내는데, 유선이 밀집된 곳에서는 유동이 빠르다.

---

buoyance 부력
Archimedes used buoyance to determine whether the golden crown was a real or fake one.
아르키메데스는 황금 왕관이 진짜인지 가짜인지 구별하는 데 부력을 사용했다.

---

static pressure 정압 (흐름이 없이 유체에 미치는 압력: 중력이나 압력에 의함)
In steady-state flow, the sum of static pressure and dynamic pressure is constant along the streamlines.
정상 상태 유동에서는 유체 흐름 라인을 따라가면서 정압과 동압의 합은 일정하다.

---

dynamic pressure 동압 (유체의 속도가 물체를 미는 압력: 속도의 제곱에 비례)
Dynamic pressure corresponds to the kinetic energy per unit volume of moving flow.
동압은 유동의 체적당 운동에너지에 해당한다.

viscosity 점성 (끈적거리는 정도. 꿀은 점성이 크고, 물은 점성이 낮다.)

In colloquial English, high viscosity can otherwise be said as 'thick.'

일상 영어에서는 점성이 높은 특성을 '두껍다(진하다, 걸쭉하다)'고 말한다.

---

kinematic viscosity 동점성 (점성을 밀도로 나눈 것: 점성력을 관성력으로 나눈 값)

The kinematic viscosity of air varies with temperature.

공기의 동점성은 온도에 따라 변한다. (▶ 공기의 동점성은 보통 점성보다 훨씬 온도에 예민하게 변한다. 온도에 따라 밀도 변화가 크기 때문이다.)

---

compressible 압축성의 (가스) **incompressible** 비압축성의 (액체)

A typical compressible fluid is air and a typical incompressible one is water.

대표적인 압축성 유체는 공기이고, 대표적인 비압축성 유체는 물이다.

---

laminar flow 층류 (낮은 속도의 얌전한 흐름: 소용돌이 없이 흐른다.)

In laminar flow, the streamlines match well with the results of the theoretical analysis.

층류에서는 유선 형태가 이론적 해석 결과와 잘 일치한다.

---

turbulent flow 난류 (빠른 속도의 격한 흐름: 소용돌이를 동반하며 흐른다.)

The dimples on golf balls are supposed to make a turbulent flow around the ball when it flies into the air and finally to reduce the drag.

골프공 (표면의) 홈은 공이 날아갈 때, 공 주위의 공기 흐름을 난류로 만들어서 저항을 줄이려는 것이다.

---

boundary layer 경계층 (벽면 마찰로 흐름이 영향을 받는, 벽에 가까운 흐름의 층)

The behavior of the boundary layer was formulated by Prandtl.

경계층의 거동 특성은 프란틀에 의해 수식화되었다.

---

vortex 소용돌이, 와류

An electrical washing machine makes a vortex by changing the rotation of the washing drum.
전기세탁기는 세탁기 드럼통의 회전을 바꾸며 와류를 만든다.

flux 플럭스, 유량   flow rate 유량률
Flux is a flow volume quantity per unit area and per unit time.
플럭스는 시간당 면적당 유량의 체적량이다.

Reynolds number 레이놀즈 수 (관성력이 점성력에 비해 얼마나 큰지를 나타내는 계수로서 층류와 난류를 구별할 수 있는 무차원 수. 밀도×유속×관직경/점성으로 나타내며, 4천 이상이면 난류, 2천 이하이면 층류, 그 사이는 층류와 난류가 공존하는 현상을 보인다.)
Reynolds number is an important index to know the behavior of a flow.
레이놀즈 수는 흐름의 특성을 알 수 있는 중요한 지수이다.

drag 항력 (유체의 흐름이 주위 벽면을 끌고 가려는 마찰력)
Drag is a loss that happens due to friction from the walls surrounding the flow.
항력은 흐름의 주위를 감싸는 벽에 의한 마찰 때문에 생기는 손실이다.

pressure drop 압력 강하 (drag에 의해 발생하는 유체의 압력 에너지 손실)
Pressure drop changes can also be due to surface roughness of the walls.
압력 손실은 (흐름 주위의) 벽의 표면 조도에 의해서도 변한다.

head loss 수두 손실 (유동에 수직 방향으로 관을 만들어 유체의 높이차로 측정함)
Head loss is a typical measurement value that shows pressure drop.
수두 손실은 압력 강하를 보여주는 전형적인 측정치이다.

barometer 기압계

The **barometer** is an instrument used to measure atmospheric pressure.
기압계는 대기압을 측정하는 기구이다. (▶ 요즘에는 여론을 측정하는 지표라는 의미로도 많이 사용된다.)

---

gradient 구배 (어떤 field에서 그 값들의 위치에 따른 변화 정도)
The fluid flows along the pressure **gradient**.
유체는 압력 구배를 따라 흐른다. (압력이 높은 곳에서 낮은 곳으로 흐른다.)

---

leakage 누설 (점성이 작은 기체가 점성이 높은 액체보다 훨씬 잘 누설된다.)
Leakage is an undesired flow escaping from or entering into a fluid container.
누설은 유체를 담은 통에서 빠져나가거나, 통으로 들어오는 원치 않는 유동이다.

---

rheology 점성유체학, 리올로지 (점성이 아주 높은 유체를 연구하는 분야)
Rheology deals with the flow having a higher viscosity and lower speed.
점성유체학은 점성은 높고 속도는 낮은 유동을 다룬다.

---

surface tension 표면장력
Thanks to **surface tension**, insects can skate on the surface of water.
표면장력 덕택에 벌레들은 물 위에서 스케이팅을 탈 수 있다.

---

capillary action 모세관현상
If the space is very narrow, **capillary action** can make liquid climb up the wall against gravity.
공간이 좁으면, 모세관현상으로 액체는 중력을 거슬러 벽을 기어올라 간다.

---

heat transfer coefficient 열전달계수 (열전달을 얼마나 잘 시키는지를 나타내는 경험치 계수. 물이 천천히 흐르는 정도에서는 약 1,000W/K/m²)

The **heat transfer coefficient** shows the efficiency of heat removal.
열전달계수는 열제거 효율을 나타낸다.

---

surge 서지 (번역 없이 사용한다. 압력이 갑자기 올라가는 현상)
Surge is an abrupt pressure rise from a compressor or a pump.
서지는 압축기나 펌프로부터 오는 갑작스런 압력 상승을 말한다.

---

check valve 역흐름 방지 밸브 (유동이 한쪽으로만 갈 수 있게 만든 밸브)
Installing **check values** in the proper positions is an important safety measure in the flow system.
적당한 장소에 체크 밸브를 설치하는 것은 유동 시스템에서 중요한 안전 조치이다.

Bernoulli's equation 베르누이 방정식 (점성을 무시한 비압축성 유체의 유동 방정식. 물의 유동 계산에 적합)
Bernoulli's equation is very useful to understand water flow behavior.
베르누이 방정식은 물의 유동 특성을 이해하는 데 아주 유용하다.

Navier-Stokes equations 나비에–스토크스 방정식 (점성과 압축성까지 고려한 완전한 유동 방정식)
Navier-Stokes equations are Newton's equations of motion in fluid flow.
나비에–스토크스 방정식은 유동에서의 뉴턴의 운동 방정식이다.

---

wave 파, 파동 (질량의 항구적 이동 없이 질량의 흔들림만으로 에너지가 전달되는 현상)
Wave propagation causes energy transport without mass transport.
파동은 질량의 이동 없이 에너지 이동을 야기한다.

---

cavitation 공동현상 (유체 유동 시 내부에 압력이 낮아져 기포가 발생하는 현상. 기포에 의해 유동성이 손실되므로, 공동현상이 발생되지 않도록 해야 한다.)

Cavitation can break continuous flow from a pump.

공동현상은 펌프로부터의 유체의 연속적 흐름을 끊을 수 있다.

---

lubrication 윤활

Lubrication is a technique used to reduce friction and wear between two sliding solid surfaces.

윤활은 서로 미끄러지는 두 고체 표면의 마찰과 마모를 줄이는 기술이다.

---

steady state 정상 상태

The **steady state** is an unchanging state through time.

정상 상태란 시간에 따라 변하지 않는 상태이다.

---

transient state 과도 상태 (시간이 지나면 소멸하거나 정상 상태로 이동한다.)

The **transient state** is when variables are changed by time and have not yet reached the steady-state.

과도 상태는 변수들이 시간에 따라 변해 왔으며, 아직 정상 상태에 이르지 않은 것이다.

Exercise 07

다음 빈칸에 주어진 첫 글자로 시작하는 단어를 써넣으시오.

1 Archimedes used b _ _ _ _ _ _ _ to determine whether the golden crown was a real one.

2 C _ _ _ _ _ _ _ _ _ can break continuous flow from a pump.

3 Macroscopically, matter is considered as a c _ _ _ _ _ _ _ _.

4 D _ _ _ is a loss that happens due to friction from the walls surrounding the flow.

5 F _ _ _ _ cannot resist deformation by shear stress.

6 F _ _ _ is a flow volume quantity per unit area and per unit time.

7 L _ _ _ _ _ _ is an undesired flow escaping from or entering into a fluid container.

8 L _ _ _ _ _ _ _ _ _ is a technique used to reduce friction and wear between two sliding solid surfaces.

9 R _ _ _ _ _ _ _ deals with the flow having a higher viscosity and lower speed.

10 The s _ _ _ _ _ _ state is an unchanging state through time.

11 S _ _ _ _ _ _ _ _ _ _ show the direction of flow, and the flow is faster where the streamlines are denser.

12 The t _ _ _ _ _ _ _ _ _ state is when variables are changed by time and have not yet reached the steady-state.

13 In colloquial English, high v _ _ _ _ _ _ _ _ can otherwise be said as 'thick.'

14 An electrical washing machine makes a v _ _ _ _ _ _ by changing the rotation of the washing drum.

15 W _ _ _ propagation causes energy transport without mass transport.

Answers
1. buoyance 2. Cavitation 3. continuum 4. Drag 5. Fluid 6. Flux 7. Leakage 8. Lubrication 9. Rheology 10. steady 11. Streamlines 12. transient 13. viscosity 14. vortex 15. Wave

Science-Technology-Engineering-Mathematics **History**

나비에-스토크스 방정식

유체 역학을 공부할 때 가장 중요한 방정식이 Navier-Stokes equations(NSE)이다. 베르누이(Bernoulli, 1700-1782) 방정식은 비압축성을 가정하고 점성을 무시해서 손실이 많은 경우 적용에 무리가 있지만 NSE는 유체의 점성과 압축성 여부까지 집어넣어 만든, 거의 완벽한 유동방정식이다. NSE의 부족한 부분인 벽면 가까이의 유체 흐름은 나중에 경계층 흐름을 연구한 독일의 프란틀(Ludwig Prandtl, 1875-1953)이 정리했다. 이후로 우리는 펌프 같은 유체기계를 고효율로 활용했고, 안정성이 훨씬 더 높은 비행기를 개발하게 되었다. 즉, 유동의 연구는 Bernoulli-Navier-Stokes-Prandtl로 이어져 오늘날 우리에게 주어진 것이다. 고체 구조물에 가려 유동 연구의 중요성은 그다지 눈에 띄지 않지만, 실제로는 매우 중요하다. 우선 우리 몸속에 흐르는 피가 유체이고 신진대사를 좌우하는 모든 것이 유체이다. 배, 자동차, 비행기가 물과 공기를 가르며 움직이는 것들이다.

NSE는 뉴턴의 운동방정식을 유체에 적용하여 풀어 쓴 것이다. 그러므로 F=ma라는 식을 그대로 따라 가는데, F는 외부에서 가해진 힘이니 쉬운데, m과 a가 좀 복잡하게 변형되었다. 돌맹이 하나가 별도로 날아가는 고체의 운동과 달리 유동에서는 주변의 유체들이 동시에 운동하기 때문에, 어떤 한 점을 기준으로 들어오는 유체와 나가는 유체를 기술하다 보니 조금 복잡해진 것이다. 길게 풀어지는 NSE 방정식을 보면 복잡해 보이지만, 대부분의 경우 많은 항들이 무시되어 상당히 간단해진다.

NSE는 나비에(Louis Navier, 1785-1836, 프랑스 공학자·물리학자)가 시작한 일을 스토크스(George G. Stokes, 1819-1903, 영국 물리학자)가 보완하여 붙여진 이름이다. 나비에는 프랑스 최고 명문인 Ecole Polytechnique를 졸업했으며, 후에 모교에서 교수를 지냈다. 수학자 코시(Cauchy)가 정치적 이유로 교수직에서 물러나자 그가 그 자리로 들어갔던 것이다. 그의 지도교수는 푸리에 급수(Fourier series)를 고안한 푸리에(Fourier)였으니, Ecole Polytechnique는 수학사에 남은 세 사람이 동시대에 활동하던 무대였다.

스토크스는 아일랜드에서 태어났으며 캠브리지 대학의 교수였다. 스토크스의 정리(Stokes' theorem)는 그가 개발한 이론이다. 19세기 말 왕립학회 회장으로 선출되었고 작위도 받았다. 그는 전자기학을 체계화한 맥스웰(James C. Maxwell, 1831-1879), 절대온도 단위 이름이 된 열역학자 켈빈(Lord Kelvin, 1824-1907)과 함께 19세기 영국 과학자 3인방으로 평가된다.

8 재료
Material

역사의 시대 구분은 인간이 사용한 재료를 기준으로 한다. 즉, 석기시대-청동기시대-철기시대로 나눈다. 이 시대 구분법은 덴마크의 고고학자 톰센(Christian Thomsen, 1788-1865)에 의해 도입되었다고 하는데, 일부 학자들은 20세기 이후를 플라스틱 시대라고 불러야 한다고 주장하지만 아직도 여전히 철기시대이다. 문명을 이루기 위해서는 재료가 중요하며 재료 중에서도 철강이 가장 중요하다는 것을 알 수 있다.

☑ Precheck

- ☐ material, matter, substance
- ☐ metal, iron, steel
- ☐ alloy
- ☐ ally
- ☐ phase
- ☐ ceramic
- ☐ polymer
- ☐ semiconductor
- ☐ brass, bronze
- ☐ ore, ingot
- ☐ cast, casting, foundry
- ☐ forging, forge
- ☐ machining
- ☐ rolling
- ☐ alchemy, alchemist
- ☐ heat treatment
- ☐ quenching
- ☐ tempering
- ☐ annealing
- ☐ surface treatment
- ☐ corrosion, rust
- ☐ tribology
- ☐ sintering
- ☐ fatigue
- ☐ solid solution
- ☐ eutectic, eutectoid
- ☐ crystal, lattice
- ☐ precipitation
- ☐ defect
- ☐ dislocation
- ☐ amorphous
- ☐ composite
- ☐ refractory

material 재료 **matter** 물질 **substance** 물체 (이 3가지가 다 정신에 대비되는 '실체'. 굳이 나누자면 matter는 물질뿐 아니라 일이나 사안이라는 뜻도 있는 가장 넓은 의미. material은 주로 고체 재료에, substance는 주로 화학에서 액체 재료에 사용)

In a cycle of production, raw materials are the first obtained matters from nature.
생산 사이클에서, 원재료란 자연에서 처음으로 획득한 물질을 말한다.

---

metal 금속 **iron** 철 **steel** 강 (금속은 구리, 납, 철 등의 전기와 열의 양도체인 단원자 분자 물질의 총칭. 철은 Fe라는 순수 물질이며 강은 철에 탄소가 소량 함유되어 기계적 성질이 강해진 물질의 총칭. iron의 화학기호가 Fe인데, iron의 형용사형이 ferrous인 것을 알아 두자.)

The Iron Age is believed to have started around 1300 BC in the Near East region.
철기시대는 기원전 1300년 경에 근동에서 시작된 것으로 여겨진다.

---

alloy 합금; 합금하다 (alloy는 여러 가지의 재료를 혼합하여 만든 합금이라는 뜻이다. 철자가 비슷한 ally(연합하다)는 의미도 비슷하다. 역사에서는 Allied Powers라고 하면 제2차 세계대전의 연합국을 말한다.)

If a material is alloyed, it usually has a higher mechanical strength, but a lower melting point.
한 재료가 합금되면, 통상 더 높은 기계 강도를 가지지만 용융점은 낮아진다.

---

phase 상 (재료에서 phase는 고체-액체-기체 중 하나의 상태를 말한다. 전기에서 phase는 위상이라고 하며, 교류전기끼리의 각도 차이를 말한다.)

At the triple point, three phases coexist in a equilibrium state.
삼중점에서는 세 개의 상(고체-액체-기체)이 평형 상태에서 공존한다.

---

ceramic 세라믹 (타일이나 돌, 도자기처럼 녹이 슬지 않지만 잘 깨지며, 녹는 온도가 높은 재료를 말한다. 목재나 금속을 제외하면 거의 모든 고체 재료가 세라믹이다.)

The atomic structure of ceramic materials is usually in covalent bonding.
세라믹 재료의 원자 구조는 대부분 공유결합을 하고 있다. (▶ covalent bonding: 가전자(valence)를 공유한 공유-결합)

polymer 폴리머 (중합체, 고분자, 응집체 등의 번역이 있지만, 폴리머라는 원어를 많이 사용한다. 석유에서 뽑아낸 플라스틱이나 합성고무 재료를 말한다.)

Silk, wool and rubber are natural polymers.

비단, 양모, 고무는 천연 폴리머이다. (▶ 폴리머는 하나의 단위구조 분자가 계속 반복되는 형태의 분자 구조를 가지는데, 단위구조 자체가 좀 복잡하다. 반면 금속은 단원자 분자이다. 즉 원자가 곧 분자이기도 한 구조에 자유전자가 섞인 구조를 가진 것이 금속)

---

semiconductor 반도체 (전기의 양도체인 금속은 온도가 올라가면 전기저항이 커지는 반면, 전기가 약간 흐를 수 있는 반도체는 온도가 올라가면 전기저항은 감소한다.)

Korea has the most developed technology in the semiconductor manufacturing field.

한국은 반도체 생산 분야에서 가장 높은 기술을 보유하고 있다.

---

brass 황동 **bronze** 청동 (둘 다 구리와 색깔이 비슷하지만, 구리-아연의 합금인 황동은 좀 더 색이 밝고, 구리-주석의 합금인 청동은 색이 좀 더 어둡다.)

The Bronze Age had lasted for more than 2000 years after starting from around 4000 BC.

청동기 시대는 BC 4000년 경에 시작되어 2천 년 이상 지속되었다.

---

ore 원석 **ingot** 주괴 (ore는 해당 금속 성분을 포함한 원석, ingot은 ore에 포함된 불순물을 어느 정도 제거하고 주물로 부어 만든 금속 덩어리)

Uranium ore contains less than 1% of Uranium 235 which is used as a fuel in nuclear power plants.

우라늄 원석은 1% 이하의 우라늄 235를 포함하는데, 우라늄 235는 원자력 발전소의 연료로 사용된다.

---

cast 주조하다 **casting** 주조 **foundry** 주물 공장

Cast iron contains 2~4% of carbon and it is very brittle.

주철은 2~4%의 탄소를 함유하며, 잘 부서진다.

---

forging 단조 **forge** 단조 공장, 대장간; (금속을) 벼리다

Terni, a central Italian city, was famous for forging and was severely bombarded in World War II.

이탈리아 중앙에 위치한 테르니는 단조로 유명하여 제2차 세계대전 때 엄청난 폭격을 맞았다.

`machining` 기계 가공, 절삭

Machining is a process where material is removed for a desired final shape.

기계 가공은 원하는 형태를 (만들기) 위해 재료를 덜어내는 공정이다.

`rolling` 압연

Rolling is a process where thickness is reduced by rollers to obtain smooth metal sheets.

압연은 롤러를 사용하여 두께를 줄여 매끈한 금속판을 얻기 위한 공정이다.

`alchemy` 연금술 `alchemist` 연금술사

Isaac Newton was devoted to alchemy in his older years.

뉴턴은 만년에 연금술에 전념했다.

`heat treatment` 열처리

Heat treatment is a process of heating and chilling to alter the mechanical properties of a material.

열처리는 재료의 물리적 성질을 바꾸기 위해 가열, 냉각하는 공정이다.

`quenching` 담금질 (quench에는 갈증을 풀다, 물로 식히다는 의미가 있다.)

Quenching is a heat treatment process of rapid cooling to obtain stronger and harder steel.

담금질은 급속냉각을 하는 열처리 공정의 하나로 더 강하고 견고한 강을 얻기 위한 것이다.

`tempering` 풀림, 템퍼링 (원어 그대로 많이 사용한다.)

Tempering is a heat treatment in order to increase the toughness of metal.

풀림은 금속을 질기게 (쉽게 파괴되지 않게) 하기 위한 열처리이다.

annealing 소둔, 어닐링 (원어 그대로 많이 사용한다.)

Annealing is a heat treatment used to relieve residual stress from a material or to make a material more ductile.

소둔은 열처리의 일종으로 재료 내의 잔류응력을 제거하거나 재료를 연하게 만들 목적으로 한다. (▶ 잔류응력: 용접이나 단조, 압연 등의 공정을 거치면서 재료 내에 남아 있는 응력. 나중에 크랙(금이 가는 것)으로 발전하는 경향이 있으므로, 그대로 두면 위험하다.)

---

surface treatment 표면처리

Surface treatment is a process used to alter chemical or physical surface properties of materials.

표면처리는 재료 표면의 화학적 또는 물리적 특성을 바꾸는 공정이다. (▶ 코팅으로 부식을 방지하거나 열처리로 표면을 강하게 만든다.)

---

corrosion 부식   rust 녹

One of the weak properties of steel is that it is prone to rust.

강의 취약한 성질 중 하나가 녹슬기 쉽다는 것이다.

---

tribology 마찰공학 (마찰, 윤활을 연구하는 분야. 주로 표면의 특성이나 두 고체 표면 사이의 얇은 액체 필름의 거동을 연구한다.)

Tribology is a research branch focusing on friction, lubrication and wear.

마찰공학은 마찰, 윤활, 마모에 초점을 맞추는 연구 분야이다.

---

sintering 소결

Sintering is a process used to make an object by press and heat powders.

소결은 가루를 압착하고 열을 가해 물체를 만드는 공정이다.

---

fatigue 피로 (힘이 반복되면 작은 힘에도 재료가 파괴되는 현상)

Fatigue fractures are caused by localized damage of material subjected to cyclic loadings.

피로 파괴는 반복 하중을 받는 재료의 국부적 손상에 의해 초래된다.

solid solution 고용체 (고체 내에서 여러 성분들이 마치 물에 녹아 있는 용액처럼 아주 균일하게 배치되어 있는 현상)

The mixture of a solid solution is a homogeneous phase and it is considered a solution.

고용체의 혼합물은 균일한 상이어서 (고체임에도) 용액으로 간주된다.

---

eutectic 공정 **eutectoid** 공석 (두 가지 성분이 녹아 있는 액상 금속이 서서히 냉각될 때 보통은 한 성분이 먼저 굳고 나서 다른 성분이 굳는 현상이 생기지만, 공정점에서는 두 금속이 동시에 응고하는 현상이 생긴다. 이 공정점은 대체로 두 금속이 반반씩 섞인 지점 근처에서 발생하며 응고 온도가 가장 낮다. 공석은 액상이 고상이 되는 것이 아니라, 고체에서 다른 고체로 변할 때 생기는 것이며 원리는 동일하다.)

Eutectoid steel contains 0.8% of carbon.

공석강은 0.8%의 탄소를 포함한다.

---

crystal 결정 **lattice** 격자 (두 단어를 연결하여 crystal lattice라고 사용하기도 한다. 두 단어 모두 재료 내에서 특정 패턴을 형성하는 원자 구조를 말한다.)

Crystal lattice is the atomic pattern in a material.

결정격자는 재료 내의 원자 패턴을 말한다.

---

precipitation 석출, 침전 (고체가 액체 내에 녹아들지 못하는 현상)

Precipitation happens in a supersaturated solution.

석출은 과포화 용액에서 발생한다.

---

defect 결함

A defect is an imperfection in a material and can cause a fracture.

결함은 재료 내의 불완전한 결함이며 파괴의 원인이 될 수 있다.

---

dislocation 어긋나기, 디스로케이션 (흔히 원어를 그대로 사용한다.)

Dislocations are linear defects and misaligned lattices in a

material.
디스로케이션은 선결함이며 재료 내의 격자가 나란히 있지 않은 것이다.

`amorphous` 비정질 (유리처럼 결정이 없는 재료. 규칙적으로 반복되는 원자의 패턴이 없다. 비정질 금속은 초전도 연구의 중요 재료이다.)

A typical amorphous material is glass.
대표적인 비정질 재료는 유리이다.

`composite` 복합재료 (한 재료만의 약점을 보완하기 위해 여러 재료들을 층층이 포갠 재료)

Carbon fiber (graphite fiber) is very strong and a light composite material.
탄소섬유는 아주 강하고 가벼운 복합재료이다.

`refractory` 내화재 (벽돌이나 타일처럼 용융점이 높은 비금속 재료)

A furnace to bake pots or china are surrounded by refractory bricks.
항아리나 도자기를 굽는 노는 내화 벽돌로 둘러싸여 있다.

Exercise 08

다음 빈칸에 주어진 첫 글자로 시작하는 단어를 써넣으시오.

1. Isaac Newton was devoted to a _ _ _ _ _ _ in his older years.
2. If a material is a _ _ _ _ _ _, it usually has a higher strength, but a lower melting point.
3. A typical a _ _ _ _ _ _ _ _ material is glass.
4. C _ _ _ iron contains 2~4% of carbon and it is very brittle.
5. The atomic structure of c _ _ _ _ _ _ materials is usually in covalent bonding.
6. A d _ _ _ _ _ is an imperfection in a material and can cause a fracture.
7. D _ _ _ _ _ _ _ _ _ _ _ are linear defects and misaligned lattices in a material.
8. F _ _ _ _ _ _ _ fractures are caused by localized damage of material subjected to cyclic loadings.
9. At the triple point, three p _ _ _ _ _ coexist in a equilibrium state.
10. Silk, wool and rubber are natural p _ _ _ _ _ _ _.
11. P _ _ _ _ _ _ _ _ _ _ _ _ happens in a supersaturated solution.
12. Q _ _ _ _ _ _ _ _ is a heat treatment process of rapid cooling to obtain stronger steel.
13. A furnace to bake pots or china are surrounded by r _ _ _ _ _ _ _ _ _ bricks.
14. One of the weak properties of steel is that it is prone to r _ _ _.
15. T _ _ _ _ _ _ _ _ is a research branch focusing on friction, lubrication and wear.

Answers

1. alchemy 2. alloyed 3. amorphous 4. Cast 5. ceramic 6. defect 7. Dislocations 8. Fatigue 9. phases 10. polymers 11. Precipitation 12. Quenching 13. refractory 14. rust 15. Tribology

Science-Technology-Engineering-Mathematics History

연금술과 합금

alchemist는 연금술사라는 뜻이다. 연금술사란 화학적 반응을 이용해 일반 금속재료를 사용하여 황금을 만들려는 학자들이다. algebra(대수학)의 al-처럼 alchemist의 al-은 아랍어의 정관사이고, 뒤의 chemist는 현대 영어에서 화학자라는 뜻이며 영국에서는 약사를 말한다. 연금술사가 화학자로 변한 것처럼, 화학과 재료는 서로 불가분의 관계이다. 하지만 화학이 주로 액체 간의 반응을 연구한다면, 재료는 고체 간의 반응을 연구한다는 차이가 있다. 요즘은 고체화학이라는 분야도 있으니 화학은 액체, 재료학은 고체로 나누는 것도 어색하다. 하여간에 연금술은 말도 안 되는 연구이긴 하지만, 화학과 재료학의 발전에 지대한 영향을 끼쳤다. 만유인력을 정리하여, 아마도 인류 역사상 가장 훌륭한 과학자라고 할 뉴턴마저도 말년에는 연금술을 연구할 정도로, 옛날에는 중요한 과학, 도전하고 싶은 과학이 연금술이었다.

연금술을 지금의 시각으로 보면, 과학이라기보다는 마술이며 사술이다. 순수 물질들을 섞어 다른 고유한 순수 물질을 만든다니 말이다. 하지만 모든 것이 혼미해져 가는 현대 사회에서 연금술을 꼭 말도 안 되는, 사술이라고 말하기 어려운 점이 있다. 왜냐하면 핵반응을 통하면 고유한 순수 물질이 다른 물질로 변하기 때문이다. 아직 금을 만들지는 못했지만, 핵융합 반응에서는 이중 수소와 삼중 수소를 결합하여 헬륨을 만들고, 핵분열 반응에서는 우라늄이 여러 종류의 더 가벼운 물질로 변한다. 연금술과 핵반응의 차이가 있다면, 핵반응은 무거워서 스스로가 변하길 원하는 불안정한 물질들을 사용하는 것이지만, 연금술은 철이나 구리 같은 아주 안정된 물질을 변화시켜 다른 안정된 물질인 금을 만들려는 것이다.

이런 무모한 연금술로 금은 못 만들었지만, 금속을 섞으면 여러 가지 특별한 성질이 나타난다는 것을 알게 해주어 합금 기술에 기여했다. 그 결과 철강을 연구하는 분야에서는 20세기 초에 괄목할 만한 일들이 있었는데, 스테인리스강과 하이 망간강의 개발이 그것이다. 강이란 철에 탄소가 1% 가량 들어간 재료이다. 순수한 철은 마치 구리선처럼 무른 재료이지만, 여기에 탄소가 소량 들어가면 아주 단단한 강철이 된다. 그런데 강철의 약점은 녹이 잘 슨다는 것이다. 강철의 녹(Fe_2O_3)이란 강철의 빛깔만 갈색으로 바꾸는 것이 아니라, 시간이 지나면 결국 강철을 전부 푸석푸석한 흙처럼 변해버리게 만드는 무서운 것이다. 그래서 녹을 방지하기 위해 표면에 페인트를 칠하거나 기름을 바르거나 아니면

89

아예 촘촘한 인공 녹(Fe_3O_4)을 만들어 더 이상 녹이 깊숙이 못 들어가게 하는 기술을 사용했지만, 표면이 훼손되면 다 소용없는 짓이다. 그래서 녹이 안 스는 철을 개발하려고 여러 연구를 하다가 드디어 크롬이 10% 이상 들어가고 니켈은 10% 이하로 들어간, 강성도 좋으면서 녹이 안 스는 철을 알게 되었다.

더 재미있는 재료는, 망간이 많이 들어간 고망간강이다. 망간이 철에 들어가면 철이 푸석푸석해져서, 해머로 계속 때리면 가루가 될 정도로 형편없는 재료가 되는데, 이상하게 망간을 10% 이상 넣으면 굉장히 질긴 강으로 변하는 것이다. 망간을 10% 이상 넣은 고망간강은 특히 내마모성이 좋고 변형될수록 강해지는 특성이 있어 철모에 사용된다. 총알이 철모를 뚫으려고 변형을 일으키는 순간 더욱 강해지는 신비로운 성질이 있다. 스테인리스강처럼 녹도 잘 안 슬어서 현재는 열차 레일 재료로 사용되고 있다. 이 재료는 영국의 야금학자 해드필드(Robert A. Hadfield, 1858-1940) 경이 1882년에 발명했다고 한다.

이 고망간강을 발명하게 된 계기가 흥미롭다. 주물공장 작업자가 주물로에 실수로 망간을 많이 부어 전체 철을 망쳤기에 상급자의 꾸지람을 듣고 공장 한쪽 구석에 쇳물을 부어 두었고, 굳어진 쇳물은 바위처럼 우두커니 자리를 지키고 있었는데, 그 쇠바위를 모루처럼 사용했다고 한다. 대장장이들이 그 위에 다른 재료들을 올려 두고 해머로 치는 일을 하면서 그 쇠바위가 해머에 얻어맞을수록 더욱 단단해지는 것을 알게 되었다. 실수가 엄청난 발견의 단초가 된 것이다. 재료나 화학은 수학적 재능보다는 왕성한 실험정신을 가지고 많이 '칵테일'을 해보는 연구자가 엄청난 발견을 하게 되는 경우가 많은 분야이다. 물론 무한대의 실험을 할 수 없으니 함량의 상관관계에 대한 명확한 이해는 꼭 필요하다.

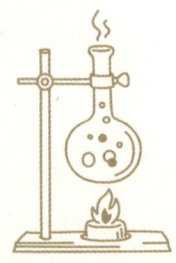

9 반응
Reaction

반응은 두 가지 이상의 물질을 섞었을 경우 생기는 변화로, reaction은 화학에서는 반응을 말하지만, 물리에서는 반작용을 말한다. 그러므로 넓은 의미로 reaction이란 제공된 원인에 나타나는 자연의 응답이라고 보면 좋을 것 같다. 과학에서 반응이라는 의미로는 chemical reaction(화학반응)과 nuclear reaction(핵반응)이 있는데, 여기에서는 화학반응만 다루고 핵반응은 뒤에서 다룬다. 반응은 물질의 운동이 활발할수록, 즉 압력과 온도가 높을수록 빨리 진행되는 경향을 보인다.

☑ Precheck

- ☐ reaction
- ☐ solution, solute, solvent
- ☐ reagent
- ☐ equilibrium
- ☐ saturation
- ☐ inert gas, noble gas
- ☐ decomposition
- ☐ dissociate, dissociation
- ☐ synthesis, synthetic
- ☐ catalyst
- ☐ suspended, suspension
- ☐ diffusion
- ☐ acid
- ☐ base
- ☐ fermentation
- ☐ metathesis
- ☐ enthalpy
- ☐ entropy
- ☐ exothermic
- ☐ endothermic
- ☐ valence electron
- ☐ covalent bond
- ☐ oxidation
- ☐ reduction
- ☐ melting point, boiling point
- ☐ density
- ☐ specific heat
- ☐ condensation
- ☐ hydrolysis
- ☐ critical point
- ☐ stir

reaction 반응, 반작용
A chemical **reaction** usually provokes heat transfer into or from a system.
대부분의 화학반응은 계로부터 열의 출입을 야기한다.

---

solution 용액 (소금물)   solute 용질 (소금)   solvent 용매 (물)
A **solution** is a homogeneous mixture in which **solutes** are dissolved in a **solvent**.
용액은 용질(들)이 용매에 녹아 있는 균질의 혼합물을 말한다.

---

reagent 반응물, 시약
Reagent is a substance used to test whether a chemical reaction occurs or not.
시약은 화학반응이 일어나는지 아닌지를 시험하기 위한 물질이다.

---

equilibrium 평형상태
In **equilibrium**, all conditions are balanced and no change occurs in the system.
평형상태에서는 모든 조건이 균형을 이루어, 계에서는 아무 변화도 발생하지 않는다.

---

saturation 포화 (용질이 더 이상 용매에 녹을 수 없는 상태)
After its **saturation** point, the solute will not be dissolved any more, and it will be precipitated.
포화점을 지나면, 용질은 더 이상 녹지 않고 석출(침전)된다.

---

inert gas, noble gas 불활성 가스, 비활성기체
Inert gases do not react with other substances.
불활성 가스는 다른 물질과 반응하지 않는다.

---

decompose 분해되다   decomposition 분해 (박테리아 등에 의해 좀 더 간단한 분자로 물질이 변하는 것)

Plastic material does not easily decompose.
플라스틱 물질은 쉽게 분해되지 않는다.

`dissociate` 분리하다　`dissociation` 분리, 해리 (분자가 원자로 되는 것)
In very high temperatures, gases are dissociated and become plasma.
고온에서 가스는 해리되어 플라즈마가 된다.

`synthesis` 합성, 종합　`synthetic` 합성한, 종합적인
Synthetic rubber is made from petroleum byproducts.
합성고무는 석유 부산물로 만들어진다.

`catalyst` 촉매
A catalyst is a substance which makes a chemical reaction's rate faster.
촉매는 화학반응 속도를 더 빠르게 진행시키는 물질이다.

`suspended` (~속에) 떠 있는　`suspension` 서스펜션, 현탁액 (입자들이 액체 내에서 가라앉지 않고 떠 있는 상태)
Some small particles are suspended inside water.
어떤 작은 입자들은 물 안에서 부유한다.

`diffusion` 확산
The diffusion speed will be faster if the temperature increases.
온도가 올라가면 확산 속도는 빨라진다.

`acid` 산　`base` 염기 (알칼리)
The intensity of acid and base is usually indicated by the pH scale which ranges from 0 to 14.
산과 염기의 강도는 주로 pH 스케일로 나타내는데, pH 스케일은 0부터 14까지이다. (▶ pH가 0에 가까우면 강산, 14에 가까우면 강염기, 중성은 7)

---

fermentation 발효
Fermentation is performed by bacteria.
발효는 박테리아에 의해 이루어진다.

---

metathesis 치환
Metathesis is a chemical reaction processed by exchanging bonds.
치환은 화학적 반응의 하나로 결합 요소들을 서로 교환하여 이루어진다.

---

enthalpy 엔탈피 (변화량이 중요하며, 일정한 압력 조건에서의 열의 출입)
Enthalpy is a thermodynamic potential energy, and if heat comes inside the system, the level of enthalpy increases.
엔탈피는 열역학적 위치에너지이며, 열이 계로 들어오면 (계의) 엔탈피는 증가한다.

---

entropy 엔트로피 (변화량이 중요하며, 자연스러운 반응은 엔트로피가 증가하는 방향)
Entropy is an indicator to know the direction of any thermodynamic reaction.
엔트로피는 열역학 반응의 방향을 알기 위한 지표 중 하나이다.

---

exothermic 발열반응의
After an **exothermic** reaction, the level of enthalpy of the system decreases.
발열반응이 있은 후에는, 계의 엔탈피 값은 내려간다. (열이 계 바깥으로 방출되기 때문)

---

endothermic 흡열반응의
Ice that melts and becomes liquid water is an example of an **endothermic** reaction.
얼음이 녹아서 물이 되는 것은 흡열반응의 한 예이다.

---

valence electron 가전자
Valence electrons are the outermost electrons and determine

the chemical properties of an element.
가전자는 원소의 최외곽 전자이며 원소의 화학적 특징을 결정한다.

covalent bond 공유결합

A **covalent bond** is formed by sharing valence electrons between two atoms.
공유결합은 두 원자 간의 가전자를 서로 공유하여 형성된다.

oxidation 산화

All burning processes are a reaction of **oxidation**.
모든 연소 과정은 산화반응이다.

reduction 환원

Photosynthesis is a typical **reduction** process.
광합성은 전형적인 환원 작용이다. (▶ photosynthesis는 광(photo)과 합성(synthesis)이 합쳐진 말이다.)

melting point 용융점, 녹는점   boiling point 비등점, 끓는점

The **boiling point** is a higher temperature than the **melting point**.
비등점은 용융점보다 높은 온도이다.

density 밀도

Density is mass per unit volume.
밀도는 단위부피당 질량이다.

specific heat 비열 (온도를 1도 올리는 데 드는 열량)

The **specific heat** of water is at its smallest at around 37 degrees which is near the human body temperature.
물의 비열은 인체 온도와 유사한 37도 근방에서 최소가 된다. (▶ 작은 차이지만, 체온 근방에서 물의 비열은 약 1% 정도 줄어든다.)

condensation 축합

It is the condensation reaction that makes polymers with longer chains.
폴리머가 보다 긴 연결을 가지도록 만드는 것도 하나의 축합반응이다.

`hydrolysis` 가수분해 (축합과 반대로 물을 흡수하여 분해되는 현상)
Hydrolysis is a reaction of dissociating chemical bonds by adding water.
가수분해는 물의 첨가에 의해 화학결합이 분해되는 반응이다.

`critical point` 임계점 (고체-액체-기체의 상이 뚜렷하지 않은 상태. 임계라는 말뜻은 경계 또는 아슬아슬한 상태를 말한다. 정치·사회적으로는 비판받을 만큼 아슬아슬한, 또는 결정적인 경계점을 뜻한다.)
374°C and 218 atm is the critical point of water where vapor and liquid converge as one phase.
374도, 218기압은 물의 임계점인데, 증기와 물이 하나의 상으로 수렴한다. (▶ 증기나 물의 구별이 없어진다. atm = atmospheric pressure 대기압)

`stir` 교반하다, 휘젓다
Stirring and heating speed up chemical reactions.
교반과 가열은 화학반응의 속도를 높여 준다.

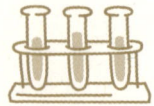

Exercise 09

다음 빈칸에 주어진 첫 글자로 시작하는 단어를 써넣으시오.

1. A c _ _ _ _ _ _ _ is a substance which makes a chemical reaction's rate faster.
2. D _ _ _ _ _ _ is mass per unit volume.
3. The d _ _ _ _ _ _ _ _ speed will be faster if the temperature increases.
4. Ice that melts and becomes liquid water is an example of an e _ _ _ _ _ _ _ _ _ _ reaction.
5. E _ _ _ _ _ _ is an indicator to know the direction of any thermodynamic reaction.
6. In e _ _ _ _ _ _ _ _ _ _, all conditions are balanced and no change occurs in the system.
7. After an e _ _ _ _ _ _ _ _ _ reaction, the level of enthalpy of the system decreases.
8. F _ _ _ _ _ _ _ _ _ _ _ is performed by bacteria.
9. H _ _ _ _ _ _ _ _ _ is a reaction of dissociating chemical bonds by adding water.
10. I _ _ _ _ gases do not react with other substances.
11. All burning processes are a reaction of o _ _ _ _ _ _ _ _.
12. Photosynthesis is a typical r _ _ _ _ _ _ _ _ process.
13. After its s _ _ _ _ _ _ _ _ _ point, the solute will not be dissolved any more, and it will be precipitated.
14. S _ _ _ _ _ _ _ and heating speed up chemical reactions.
15. Some small particles are s _ _ _ _ _ _ _ _ inside water.

Answers

1. catalyst 2. Density 3. diffusion 4. endothermic 5. Entropy 6. equilibrium 7. exothermic
8. Fermentation 9. Hydrolysis 10. Inert 11. oxidation 12. reduction 13. saturation 14. Stirring
15. suspended

Science-Technology-Engineering-Mathematics History

산소에게 이름을 붙여준 화학자, 라부아지에

물리학의 역사는 거창하다. 아리스토텔레스에서 시작해서 갈릴레이-뉴턴-아인슈타인으로 이어지는 중간에도 너무나 유명한 과학자들의 이름이 여럿 등장한다. 그런데 화학의 역사는 그렇지 않다. 물리학은 천체의 운동으로 시작했기에 워낙 스케일이 크다보니 위대해 보인 반면, 화학은 주로 액체를 휘젓는 정도의 '쩨쩨한' 과학으로 보인 탓일까?

하지만 화학은 우리의 실생활을 지배하는 바탕이다. 온갖 종류의 의약품에다가 화장품, 샴푸, 치약, 세제 등에 플라스틱 재료들까지도 화학이 만든 것이다. 무게 대비 가격으로 계산하면 삼성 갤럭시보다 프랑스산 주름제거 크림이 훨씬 비싸다. 모델을 자주 바꾸거나 앱을 탑재할 필요도 없다. 고부가가치 산업의 바탕에 화학이 숨어 있다.

인류가 만난 최초의 화학 현상은 아마도 불이 나무나 마른 풀을 태우는 연소작용이 아니었겠느냐고 위키피디아 백과사전은 언급하고 있다. 세월이 지나며 서양에서는 연금술을 시도하면서 화학이 많이 발전했는데, 비슷한 시기에 중국에서는 불로초를 찾아 헤맸다. 서양은 화학에 집중할 때, 동양은 생물을 중시했던 모양이다.

어쨌든, 과학이라는 틀 안에 온전히 들어오는 최초의 화학자로는 보일-샤를의 법칙으로 유명한 아일랜드의 보일(Robert Boyle, 1627-1691)을 꼽을 수 있다. 보다 최근에는 1869년에 주기율표(periodic table)를 제안하고, 빈자리에 들어갈 원소들까지 예언한 러시아 화학자 멘델레예프(Dmitri Mendeleev, 1834-1907)도 화학의 아버지라고 불릴 만하다. 하지만 대부분의 학자들은 현대 화학의 아버지로 프랑스의 화학자 라부아지에(Antoine Lavoisier, 1743-1794)를 꼽는다.

그는 엄청난 업적을 남겼을 뿐만 아니라, 귀족으로 태어나 프랑스 혁명 중에 길로틴 위에서 참수형을 당하는 파란만장한 삶을 살았다. 그는 여러 가지 실험을 하는 중에 마치 물질들이 생성되거나 사라지는 것처럼 보이지만 실은 변화한 것이며, 반응 전의 질량과 반응 후의 총 질량은 동일하다는, 질량보존의 법칙(law of conservation of mass)을 만든 사람이다. 지금은 약간의 질량이 결손되면서 엄청난 에너지가 나오는, 아인슈타인의 방정식 $E=MC^2$에 의해 질량보존의 법칙이 더 이상 절대 진리는 아니지만, 에너지 발생이 크지 않은 일반 반응에서는 여전히 유효하다. 그는 또 산소와 수소라는 이름을 지어 주었으며, 연소 작용은 물질이 산소와 반응하는 것이라는 것도 알아냈다.

라부아지에는 변호사 자격도 가지고 있었으며 혁명 전에 세금징집관으로도 일했다. 프랑스 혁명 기간 로베스피에르가 이끄는 공포정치 시대에 세금징집관들은 거의 숙청되었는데, 그 역시 지위를 이용한 착복 혐의로 기소되었고, 결국 참형되었다. 그의 화학실험이 계속될 수 있게 선처해 달라는 탄원은 받아들여지지 않았다. 판사는 "공화국은 학자를 필요로 하지 않으며, 그 따위 것들 때문에 정의구현이 지체될 수 없다."고 판시했다고 한다.

당시 그의 처형을 안타까워했던 프랑스의 수학자 라그랑주(Joseph L. Lagrange, 1736-1813)는 다음과 같이 탄식했다고 한다. "그의 머리를 자르는 것은 한순간이지만, 프랑스가 그만한 머리를 다시 얻으려면 또 한 세기 이상을 기다려야 한다…" 인류사의 대과업인 프랑스 혁명도 이면에는 이와 같은 수많은 희생과 부작용들이 있었다. 아무리 숭고한 이상을 가진 혁명도, 그 도구가 폭력이었다면 또 다른 폭력을 부를 수밖에 없는 모양이다.

10 생명, 생명체
Life & Living Organism

과학은 좀더 멀리 있는 환경, 즉 해와 달, 별의 움직임을 관찰하는 천문학에서부터 시작되어 물리학으로 넘어왔다. 하지만 생물학은 파스퇴르가 자연발생설을 부정하는 실험(1861)을 보인 이후에야 비로소 태동했다고 봐야 할 것이다. 생명 현상은 그만큼 정교하고 복잡하다. 그 수많은 변수들의 상관관계를 전부 규명하기는 어려울 터, 필자는 '생명공학이 과학 안으로 완전히 들어오는 날이 과연 올까?'라는 의문이 든다. 분명한 것은 향후 백 년 동안 가장 많이 연구될 분야는 생명과학일 것이라는 것이다.

☑ Precheck

- ☐ bacteria
- ☐ virus
- ☐ antibody
- ☐ ecology, ecosystem
- ☐ habitat
- ☐ botany, zoology
- ☐ ornithology
- ☐ agriculture
- ☐ photosynthesis
- ☐ anatomy
- ☐ cryobiology
- ☐ dendrite
- ☐ embryo
- ☐ fetus
- ☐ nucleus
- ☐ endemic
- ☐ epidemic
- ☐ gland, endocrine, exocrine
- ☐ metabolism
- ☐ enzyme
- ☐ entomology
- ☐ gene, genetics
- ☐ generic drug, biosimilar
- ☐ histology
- ☐ immunity, immunology
- ☐ invertebrate
- ☐ isotope
- ☐ larva
- ☐ mammal
- ☐ ligament, tendon
- ☐ assortment
- ☐ lipid
- ☐ glucose
- ☐ protein
- ☐ membrane
- ☐ oncology
- ☐ osmosis
- ☐ parasite
- ☐ pathology
- ☐ paleontology
- ☐ nocturnal, diurnal
- ☐ intestine
- ☐ limb
- ☐ secretion
- ☐ excretion

bacteria 박테리아, 세균 (단수형 bacterium)

Bacteria are the most simple living things.

박테리아는 가장 간단한 생명체이다. (▶ 학술용어 단수형 어미가 -um이면 복수형은 -a. 예: datum—data 데이터, medium—media 매체)

---

virus 바이러스

A virus is a biological entity, living inside the cells of another organism.

바이러스는 다른 생물의 세포 내에 기생하는 생물체이다. (▶ 바이러스는 기생할 숙주가 있어야 생존하며 신진대사 기능이 완전하지 않아 생물과 무생물의 사이로 보는 반면, 박테리아는 신진대사 기능을 가지므로 완벽한 생명체로 본다. 바이러스가 지붕만 존재하는 구조물이라면, 박테리아는 허접하긴 해도 지붕에 벽도 갖춘 온전한 집에 가깝다는 이야기)

---

antibody 항체

Antibodies are protective proteins produced by the body's immune system.

항체는 몸을 보호하려고 면역 체계에 의해 생산되는 단백질이다.

---

ecology 생태학   **ecosystem** 생태계

Ecology is a study on the relationship between living organisms and their environment.

생태학은 생물과 환경 간의 관계를 연구하는 학문이다.

---

habitat 서식지

Habitat is an area where a particular animal or plant lives.

서식지는 특정 동물이나 식물이 사는 지역을 말한다.

---

botany 식물학   **zoology** 동물학

Aristotle can be honored as the father of zoology. He categorized whales as a mammal.

아리스토텔레스는 동물학의 아버지라는 명예를 가질 만하다. 그는 고래를 포유류로 분류했다. (▶ 고래는 물에 살지만 알이 아니라 새끼를 낳는 것을 관찰한 결과이다.)

ornithology 조류학

Many amateurs in ornithology enjoy observing birds with high quality telescopes.
조류학의 많은 아마추어들은 성능 좋은 망원경으로 새를 관찰하기를 즐긴다.

---

agriculture 농업

Agriculture is the outset of sedentary human civilization.
농업은 정착해서 사는 인간 문명의 시작점이다.

---

photosynthesis 광합성

Plants convert light from the sun into chemical energy by photosynthesis.
식물은 광합성 작용으로 빛을 화학에너지로 변환시킨다.

---

anatomy 해부(학)

Anatomy has been studied by not only medical doctors, but by many famous painters, including Rembrandt.
의사들만이 아니라, 렘브란트 같은 많은 유명 화가들도 해부학을 공부했다.

---

cryobiology 저온생물학

Cryobiology is a branch of biology. The prefix 'cryo-' is derived from Greek and signifies 'cold.'
저온생물학은 생물학의 한 분야로, 접두어 cryo-는 춥다는 뜻이며, 그리스어에서 유래되었다.

---

dendrite 수지상 결정 (나뭇가지처럼 하나에서 여러 개가 뻗어 나가는 형태. dendritic 수지상의)

One of the most important dendritic projections is the structure of neurons.
수지상으로 뻗어 나가는 형태의 가장 중요한 것 중 하나는 신경 구조이다.

---

embryo 배아, (8주까지의) 태아   embryonic 배아의

At the end of the human embryonic stage, hair starts to form.
인간 배아기의 마지막 단계가 되면 머리카락과 털이 형성되기 시작한다.

fetus 배아, (8주 이후의) 태아 (형용사형은 fetal. fatal (치명적인)과 혼동하지 말 것)

At the beginning of the human fetal stage, the weight of a **fetus** is less than 10 grams.

인간 태아기 초의 태아의 몸무게는 10그램 이하이다.

---

nucleus 핵

The cell **nucleus** contains most of the genetic materials.

세포핵은 거의 모든 유전물질을 포함한다.

---

endemic 고유한; 풍토병 (전염병의 반대)

The **endemic** disease is usually caused by water or insects like mosquitos.

풍토병은 대개 물이나 모기 같은 벌레로 인해 초래된다.

---

epidemic 유행성의, 전염성의; 전염병

Epidemics are infectious or contagious diseases caused by viruses or bacteria.

전염병은 바이러스나 세균에 의해 유발되는, 다른 개체에게 옮겨지는 병이다. (▶ infectious 공기에 의해 전염되는, contagious 접촉에 의해 전염되는)

---

gland 선, 샘, 분비기관   **endocrine** 내분비의   **exocrine** 외분비의

There are two different **glands**, the **endocrine** and the **exocrine glands**.

분비기관 샘에는 두 가지 다른 형태가 있는데, 내분비선과 외분비선이다.

---

metabolism 신진대사

Metabolism is chemical reactions or transformation in living bodies to sustain life.

신진대사는 생명을 유지하기 위해서 생명체 내의 화학반응이나 변화이다.

---

enzyme 효소

An **enzyme** is an organic substance which facilitates specific metabolic reactions.
효소는 유기물이며 특정한 신진대사 반응을 촉진시킨다. (▶ 촉매(catalyst)는 광물이며 광범위한 반응에 관여할 수 있으나, 효소는 단백질이며 아주 특정한 생체반응에만 관여한다.)

`entomology` 곤충학

Entomology is the study of insects. 'Entomo-' is derived from Greek and means 'segmented' which makes the word INSECT.
entomology는 곤충을 연구하는 학문이다. Entomo-는 그리스어에서 왔으며 '토막으로 나누어진' 이라는 뜻인데, 영어의 insect라는 단어도 여기에서 만들어졌다. (▶ insect = in sect 토막으로 나누어진)

`gene` 유전자 `genetics` 유전학

A **gene** has all hereditary information of a living organism.
유전자는 생명체의 모든 유전적 정보를 가지고 있다.

`generic drug` (합성의약품의) 복제약, 제네릭 (특허 보호 기간이 지난 오리지널 약품을 모방하여 똑같이 만든 약품) `biosimilar` 바이오시밀러, 생물의약품의 복제약

Generic drugs are usually very cheap and fully verified medications.
특허 보호 기간이 끝난 약품은 가격이 저렴하고, 약효가 충분히 증명된 약품이다.

`histology` 조직학

Histology is a study of examining cells and tissues of plants or animals.
조직학은 식물이나 동물의 세포와 조직을 조사·연구하는 학문이다.

`immunity` 면역 `immunology` 면역학

Immunity is a state of biological resistance or defense against infection or disease.
면역은 질병이나 감염에 대항하는 생물학적 저항력이나 방어력의 정도를 말한다.

`invertebrate` 무척추동물의 (verte-는 vertical로 '수직의'라는 뜻)

The majority of animal species are **invertebrates** which have no vertebrate column. Only 3% of animals are vertebrates.
대다수의 동물종이 척추가 없는 무척추동물이다. 척추동물은 겨우 3% 정도이다.

---

isotope 동위원소 (전자 수는 동일하나 중성자 수가 다른 원소로 화학적 성질이 유사함)

Isotopes of an element have the same number of protons and electrons.
한 원소의 동위원소들은 같은 수의 양성자와 전자를 가진다. (▶ proton 양성자, electron 전자)

---

larva 유충, 애벌레 (*pl.* larvae)

Generally, a **larva** has a very different form and organs than in its adult form.
일반적으로 유충은 성충과는 아주 다른 형체와 기관을 가진다.

---

mammal 포유동물

Mammals are homeotherm and there are around 6,000 mammal species in the world.
포유류는 항온동물인데, 지구상에 약 6천 종의 포유류가 존재한다. (▶ homeotherm 항온동물의 = warm-blooded 온혈동물의)

---

ligament 인대 (뼈와 뼈를 연결)   **tendon** 힘줄 (뼈와 근육을 연결)

By violent turning actions of your body, the cruciate **ligaments** in the knee can be broken.
몸을 갑작스럽게 회전시키면, 무릎 속의 십자인대가 파손될 수 있다. (▶ cruciate 십자형의)

---

assortment 분류

A proper **assortment** of nature is the foundation of science.
자연의 적절한 분류는 과학의 근간이다.

---

lipid 지질, 지방질 (지방이라는 뜻의 학술 용어, 일반 용어는 fat)

An enzyme called lipase breaks down **lipids**.
리파아제라는 효소는 지방을 분해한다.

glucose 포도당
Glucose is also called grape-sugar and it is absorbed directly to the blood stream during digestion.
글루코스는 포도당이라고도 부르는데, 소화 시에 혈관에 곧바로 흡수된다.

---

protein 단백질
Enzymes and muscles are made of **protein**.
효소와 근육은 단백질로 만들어진다.

---

membrane 박막, 얇은 막
Selective permeability is an essential characteristic of the biological **membrane**.
선택적 투과성은 생물 박막의 중요한 특성이다. (▶ permeability 투과성)

---

oncology 종양학, 암 연구
Oncology is the study of tumors that can be diagnosed and proven as benign or malignant.
종양학은 종양(혹)을 연구하는 분야인데, 종양은 검사를 통해 양성인지 악성인지 판명된다. (▶ 종양이 양성(benign)이면 양호하다는 뜻. 악성(malignant)은 계속 자라는 암이라는 뜻)

---

osmosis 삼투성 (물을 조금씩 흡수하는 현상)
Osmosis is operated by the difference of concentration between two solutions.
삼투성은 두 용액 간의 농도 차이에 따라 작동한다.

---

parasite 기생충
The original meaning of **parasite** is 'a person who eats at the table of others.'
기생충의 원래 의미는 '남의 식탁에서 밥 먹는 사람'이라는 뜻이다.

---

pathology 병리학 (병의 원리를 연구하는 분야)
Pathology is a branch of medicine specifically observing and

diagnosing diseases.
병리학은 병을 세밀하게 관찰하고 진단하는 의학의 한 분야이다.

paleontology 고생물학
One of the most famous subjects in paleontology is to answer why dinosaurs had been exterminated.
고생물학의 중요 주제 중 하나는 왜 공룡이 멸종했는지에 답하는 것이다.

nocturnal 야행성의   diurnal 주행성의
Nocturnal animals are usually color blind, but their eyes are well developed, being sensitive to motion.
야행성동물은 대개 색맹이지만, 그들의 눈은 움직임을 예민하게 알아차리도록 발달되었다.

intestine 장, 창자
The total length of a human intestine is around 8 meters.
사람의 내장의 전체 길이는 8미터 정도이다.

limb 사지, 수족, 지느러미, 날개, 큰 가지 (몸통에서 길게 돌출해 나온 부분)
Most animals use their limbs for locomotion or to grip something.
대부분의 동물은 자신의 사지를 이동이나 무엇인가를 잡는 데 사용한다.

secretion 분비
Secretion is the action of releasing chemicals for a certain function from a cell or gland.
분비는 어떤 작용을 위해 세포나 선으로부터 화학물질을 내어놓는 것이다.

excretion 배설
Excretion is releasing waste products to eliminate them from an organism.
배설은 쓰레기 물질을 생체 기관으로부터 제거하기 위해 내어보내는 것이다.

Exercise 10

다음 빈칸에 주어진 첫 글자로 시작하는 단어를 써넣으시오.

1. B _ _ _ _ _ _ _ are the most simple living things.
2. E _ _ _ _ _ _ is a study on the relationship between living organisms and their environment.
3. At the end of the human e _ _ _ _ _ _ _ _ stage, hair starts to form.
4. There are two different g _ _ _ _ _, the endocrine and the exocrine g _ _ _ _ _.
5. H _ _ _ _ _ _ is an area where a particular animal or plant lives.
6. I _ _ _ _ _ _ _ _ is a state of biological resistance or defense against infection or disease.
7. I _ _ _ _ _ _ _ _ of an element have the same number of protons and electrons.
8. Generally, a l _ _ _ _ has a very different form and organs than in its adult form.
9. By violent turning actions of your body, the cruciate l _ _ _ _ _ _ _ _ _ in the knee can be broken.
10. Most animals use their l _ _ _ _ for locomotion or to grip something.
11. Selective permeability is an essential characteristic of the biological m _ _ _ _ _ _ _.
12. The cell n _ _ _ _ _ _ contains most of the genetic materials.
13. O _ _ _ _ _ _ is operated by the difference of concentration between two solutions.
14. Enzymes and muscles are made of p _ _ _ _ _ _.
15. A v _ _ _ _ is a biological entity, living inside the cells of another organism.

Answers

1. Bacteria   2. Ecology   3. embryonic   4. glands   5. Habitat   6. Immunity   7. Isotopes   8. larva   9. ligaments   10. limbs   11. membrane   12. nucleus   13. Osmosis   14. protein   15. virus

Science-Technology-Engineering-Mathematics History

노벨상감 여성 과학자, 프랭클린

생명과학 분야에서 20세기의 가장 위대한 발견은 아마도 DNA 구조를 알아낸 것일 게다. 미국의 젊은 과학자 제임스 왓슨(James Watson, 1928-)과 그의 영국 동료인 늦깎이 박사과정 학생 프랜시스 크릭(Francis Crick, 1916-2004)은 캠브리지 대학에서 같이 연구하다가, 1953년 4월에 Nature지에 간단한 두 페이지짜리 논문을 실었다. DNA는 두 가닥의 실이 나선형으로 꼬인 구조를 가졌다는 것이다. 그들은 이 공로로 한참 뒤인 1962년, 노벨생리의학상을 공동수상했다. 또 한 명의 공동수상자는 런던의 King's College에서 일하던 모리스 윌킨스(Maurice Wilkins, 1916-2004)라는 과학자이다. 이들 세 명은 DNA 구조를 밝히는 데 공헌하여 노벨생리의학상을 받았지만, 뒷이야기를 보면 안타까운 사연이 하나 숨겨져 있다.

왓슨과 크릭은 캠브리지 대학의 Cavendish 연구소 소속이었는데, 당시 King's College에는 윌킨스와 젊은 여자 연구원인 프랭클린(Rosalind Franklin, 1920-1958)이 있었다. 그녀는 프랑스 파리에서 X-ray 결정학을 공부하고 와서 DNA 구조를 X-ray 투사를 통해 알아내려는 일을 해오고 있었다. 프랭클린은 누구와도 협력하지 않고 독자적으로 X-ray 투사 작업을 했다고 한다.

그녀는 연구를 진행하면서 자신이 찍은 사진들이 완벽하게 DNA 구조를 밝혀 주기까지 계속 촬영하며 결과를 기다리고 있었다. (사진 작업을 하던 프랭클린 본인은 DNA 구조를 확신하지 못하고 있었던 듯하다.) 반면 크릭과 왓슨은 X-ray 대신 모형으로 작업하면서 DNA 구조를 연구하던 중에 윌킨스가 프랭클린 몰래 빼내온 X-ray 사진을 보고는 DNA가 두 가닥의 나선형 구조라는 것을 확신할 수 있었다.

1953년 두 사람이 네이처에 논문을 발표한 후에도 프랭클린은 자신의 사진이 도용된 사실을 모르고 있었다. 그러고는 너무 자주 X-ray에 노출된 까닭인지, 프랭클린은 38살에 그만 요절하고 만다. 그녀가 세상을 떠난 지 4년 후, DNA 팀은 프랭클린만 빼고 자기들끼리 노벨상을 받게 된다. (사망한 사람에게는 노벨상을 수여하지 않는다.) 세 명의 노벨상 수상자는 프랭클린의 공로를 폄하하는 발언을 하여, 그녀 가족들의 분노를 사기도 했다. 화려한 무대 뒤에는 가끔 이런 불편한 진실이 가려져 있다. (참고서적: *The Great Scientists*, John Farndon, 2005)

11 소프트웨어, 인공지능
Software & Artificial Intelligence

운전을 못하면 자동차가 있어도 고철에 불과한 것처럼 컴퓨터가 있어도 일을 시키지 못하면 무용지물이다. 컴퓨터에게 적절하게 일을 시키는 기술이 소프트웨어이다. 그런데 컴퓨터는 프로그램을 통해 데이터를 계산하거나 처리하는 일을 하므로, 소프트웨어는 좁은 의미로 프로그래밍이다. 알파고 같은 인공지능 기술도 대부분 소프트웨어(프로그래밍) 기술이다. 특히 인간의 언어를 이해하고 인간과 소통하는 능력을 갖추는 것이 가장 중요한 연구 주제이다.

☑ Precheck

- ☐ acronym
- ☐ operating system
- ☐ code, coding
- ☐ cursor
- ☐ compile
- ☐ extension
- ☐ folder, directory
- ☐ bug
- ☐ debug, debugging
- ☐ array
- ☐ database
- ☐ protocol
- ☐ GUI
- ☐ LAN
- ☐ application, app
- ☐ multiprocessing, multitasking
- ☐ freeware
- ☐ shareware
- ☐ download
- ☐ upload
- ☐ cracker, hacker
- ☐ overwrite
- ☐ wizard
- ☐ virus
- ☐ batch
- ☐ backup
- ☐ beta version
- ☐ simulation
- ☐ FAQ
- ☐ internet, intranet
- ☐ format
- ☐ patch
- ☐ plug and play
- ☐ HTML
- ☐ cloud, cloud computing
- ☐ firewall
- ☐ cookie
- ☐ upgrade
- ☐ update
- ☐ AI
- ☐ VR
- ☐ Turing test
- ☐ default
- ☐ robust
- ☐ trigger
- ☐ haptic
- ☐ semantics
- ☐ denotation
- ☐ connotation

acronym 약자 (머리글자만으로 만들어진 단어들: 대체로 철자 3개 이하의 철자들을 각각 읽고, 4개 이상은 단어처럼 읽는다. 예를 들어 세계보건기구 WHO는 [후]보다는 [W-H-O]라고 읽고, 미국항공우주국 NASA는 [N-A-S-A]라고 읽지 않고 단어처럼 [나사]라고 읽는다. 하지만 4철자 이상이어도 단어처럼 발음하기가 불편한 ICBM 같은 경우는 철자 하나씩 읽는 수밖에 없다.)

The word 'laser' is also an acronym. (Laser: Light Amplification by Stimulated Emission of Radiation)
레이저라는 단어도 머리글자로 만들어진 약자이다. (레이저: 빛 증폭 장치)

---

operating system 운영체계 (컴퓨터를 레스토랑에 비한다면, 운영체계는 손님(사용자)에게 자리를 안내하고 주방(중앙처리장치)에서 나오는 음식을 서비스하는 종업원 역할을 한다.)

An operating system can be explained as a librarian, if a computer is a library.
만약 컴퓨터를 도서관이라고 한다면, 운영체계는 도서관 사서라고 말할 수 있다. (▶ 책을 적당하게 배치하고, 방문자의 요청에 따라 필요한 책을 골라 주고, 반납된 책을 정리하는 일이 사서의 역할이다. 운영체계는 책 대신 정보를 정리한다.)

---

code 코드 (프로그래머들 사이에서 주로 프로그램을 코드라고도 한다.) **coding** 코딩

Everybody has his/her own style of coding, therefore it is not easy to understand the codes written by other programmers.
각자가 프로그램하는 고유한 스타일이 있기 때문에, 다른 프로그래머가 작성한 코드를 이해하는 것은 쉽지 않다. (▶ 다시 말하면, 남들도 이해하기 쉬운 방식으로 프로그래밍해야 한다.)

---

cursor 커서 (컴퓨터 화면에서 사용자가 어디를 가리키고 있는지를 표시하는 깜빡이. 욕이나 저주하는 말을 의미하는 curse와 혼동하지 말 것)

The cursor was originally the transparent sliding part bearing a vertical line on a slide rule.
커서는 원래 미끄러지는 판을 가진 자의 투명한 눈금자(수직선이 새겨진)를 말한다. (▶ slide rule은 계산기가 나오기 전에 사용하던, 숫자 환산이나 곱셈 결과를 쉽게 보여주는 도구였다.)

---

compile 컴파일하다, 명령어를 번역하다 (원래는 자료를 모은다는 뜻. 여기에서는 프로그래머가 만든 프로그램을 컴퓨터용 기계어로 바꾸는 것, 즉 컴퓨터용 언어로 번역하는 것을 말한다.)

Compiling is the translation process of a high-level language into

machine language.

컴파일링은 하이레벨 언어를 기계어로 번역하는 과정이다. (▶ high-level language란 인간이 사용하는 언어에 가까운 문법을 가진 프로그래밍 언어를 말한다.)

---

extension 확장자 (파일 이름 뒤에 붙여 파일의 특성을 나타내는 철자들: home.hwp 의 hwp는 확장자로 home이라는 파일이 아래아한글로 작성된 서류라는 것을 말해줌)

An extension of a file name designates its characteristics and it is not recommended to change it.

확장자는 파일의 고유한 특징을 나타내므로, 바꾸지 않는 편이 좋다.

---

folder, directory 폴더, 디렉터리 (둘 다 동일한 의미인데, 요즘에는 directory보다 folder를 사용하는 추세이다. 컴퓨터 내부에 자료 저장을 위해 나누어 둔 방을 말한다.)

Each folder is assigned some memory allocation, even if it is empty. Therefore, creating too many folders is not a good way to manage memory properly.

모든 폴더는 안에 내용이 없어도 메모리 공간이 부여된다. 그래서 너무 많은 폴더를 생성하는 것은 메모리를 잘 관리하는 방법이 아니다.

---

bug 버그 (프로그램 내에 존재하는 찾기 어려운 오류. 원래의 뜻은 벌레)

To find a bug quickly is one of the most important skills to be a good programmer.

오류를 빨리 발견하는 것은 훌륭한 프로그래머가 되기 위한 가장 중요한 기술 중 하나이다.

---

debug 디버그하다 **debugging** 디버깅 (버그를 찾아서 프로그램이 잘 작동하게 만드는 작업)

Debugging a program sometimes takes more time than coding the whole program.

어떨 때는 디버깅 작업이 전체 프로그램을 짜는 것보다 더 오래 걸린다.

---

array 배열, 어레이 (프로그램 변수를 저장할 때, 질서 정연하게 저장하는 방식)

Array values should be re-initialized carefully for another

successive iteration.

배열에 들어가는 값들은 그 다음에 수행되는 반복 계산에서 주의 깊게 다시 초기화되어야 한다. (▶ 메모리를 아끼기 위해 배열의 이름을 안 바꾸고 계속 사용 시, 배열 내부의 변수값이 치환되지 않고 계속 더해지는지 확인해야 한다.)

`database` 데이터베이스 (필요한 모든 정보들을 넣어 둔 자료집. 예를 들면 전교생의 성적, 진료기록, 주민등록번호 같은 자료들을 컴퓨터에 넣어 둔 것을 말한다.)

The most important databases would be the records of bank accounts and medical services.

아마도 가장 중요한 데이터베이스라면 은행계좌와 의료 진료기록일 것이다.

`protocol` 프로토콜 (컴퓨터나 통신에서 자료를 주고받을 때의 형식. 원래는 외교에서의 의전을 말함. 예를 들면, 국가원수들 간에 만날 때 서는 위치나 자리, 시간 등을 상세히 정하는 것처럼, 보내는 쪽과 받는 쪽에서 서로 데이터 구조를 협의하는 것을 말함)

A communication protocol is the rules and formats for message exchanges between computers.

커뮤니케이션 프로토콜은 컴퓨터 간에 정보 교환을 위한 규칙과 형식이다.

`GUI` 그래픽 사용자 인터페이스 (Graphical User Interface: 사용자들이 컴퓨터 프로그램을 쉽게 사용하도록 메뉴로 만든 것)

Before the arrival of the GUI, people used to type commands on the monitor of a computer. Now, we choose commands by clicking on the menu instead of writing them down.

GUI가 나오기 전에 사람들은 컴퓨터 모니터에 명령어를 타이핑했지만, 지금은 써넣지 않고 메뉴 위를 눌러서 명령어를 선택한다.

`LAN` 근거리통신망, 랜 (Local Area Network: 동일 빌딩 내에서 컴퓨터 간에 유선으로 통신하게 해주는 것. 인터넷이 나오기 전에 개발된 간단한 통신)

LAN has offered a primitive Internet environment by connecting neighboring computers.

LAN은 주위의 컴퓨터들을 연결하여 원시적인 인터넷 환경을 제공했다.

application, app 애플리케이션, 앱 (휴대전화용으로 개발된 프로그램들을 말함)

Due to many heavy apps, the process speed of my smart-phone became very slow.
여러 개의 무거운 (메모리를 많이 차지하는) 앱들 때문에 내 스마트폰이 매우 느려졌다.

---

multiprocessing, multitasking 다중처리, 다중작업 (여러 개의 계산이나 일을 동시에 수행하는 것)

Multiprocessing work usually makes computers slow down.
다중작업은 컴퓨터를 느리게 만든다.

---

freeware 프리웨어 (저작권을 걸지 않아 아무나 사용할 수 있는 프로그램)

More computer softwares should be released as freeware.
더 많은 컴퓨터 소프트웨어가 프리웨어로 나와야 한다.

---

shareware 셰어웨어 (처음 개발 후 일정 기간 동안은 사용자가 무료로 사용 가능하지만, 그 후 계속 사용을 원하면 돈을 내야 하는 프로그램)

Some software companies release their recent products as shareware to be debugged by their potential customers.
어떤 소프트웨어 회사들은 그들의 잠정 고객들이 문제점을 수정하게 하려고, 신상품을 셰어웨어로 내어놓는다.

---

download 다운로드, 내려받기; 다운로드하다 (어떤 서버(큰 컴퓨터)에서 데이터를 자기 컴퓨터로 전송시키는 행위)

Many downloads are automatically performed without asking the permission from the users.
많은 다운로드가 사용자의 허락을 요청하지 않고 자동으로 수행된다.

---

upload 업로드; 업로드하다 (자기 컴퓨터에서 서버 컴퓨터로 데이터를 전송하는 행위)

Instead of saving data in your computer, you can save them by uploading to a server.
자기 컴퓨터에 저장하는 대신에 서버에 업로드하여 데이터를 보관할 수 있다.

cracker, hacker 크래커, 해커 (인터넷망을 통해 남의 컴퓨터에 침입하여 데이터를 훔쳐 가거나 망가뜨려 놓는 컴퓨터 전문가들)

Due to wireless connections, hackers can enter your computer more easily.
무선 연결 때문에, 해커들이 더 쉽게 다른 사람의 컴퓨터에 침입할 수 있다.

---

overwrite 덧쓰다, 겹쳐 쓰다 (이미 저장된 데이터 위에 다른 데이터를 저장하는 행위. 앞에 있던 데이터는 삭제되어 복구가 불가하다.)

Even if you delete files, you can still restore them unless the place is not overwritten by other files.
파일을 지웠어도, 그 자리에 다른 파일이 덧쓰이지 않은 이상 복구할 수 있다.

---

wizard 마법사 (사용이 복잡한 프로그램을 쉽게 사용하도록 안내해 주는 프로그램. 질문에 차례로 답하는 형식으로 프로그램을 사용하게 해준다.)

Wizard is a guide for using programs by showing required menus step by step.
마법사는 필요한 메뉴를 단계별로 보여주면서 프로그램을 (쉽게) 사용하게 해주는 안내자 역할을 한다.

---

virus 바이러스 (컴퓨터 프로그램이 제대로 작동하지 못하게 몰래 침투하여 일부를 파괴시키는 프로그램)

Now many viruses make computers slow instead of breaking them down.
요즘 많은 컴퓨터 바이러스들은 컴퓨터를 고장 나게 하지 않고 속도가 느려지게 만든다. (▶ 아예 고장 나면 주위에 있는 수리공을 찾겠지만, 속도만 느려지면 자기들 치료 프로그램을 구입할 확률이 높기 때문일 것이다.)

---

batch 일괄처리, 배치 (여러 가지 다른 프로그램을 수행할 때, 사용자가 그때그때 수행을 지시하지 않고, 처음에 순서를 정해 두어서 계속 수행하게 하는 것. 이번 일이 끝나면 무엇을 할지, 그 일 후에는 무엇을 할지를 미리 명령해 두는 일괄 작업 지시라고 생각하면 된다.)

Thanks to the batch function, we can go home after asking for many different commands to the computer.
일괄처리 기능 덕택에 우리는 여러 가지 다른 명령을 컴퓨터에 주문해 두고 집에 갈 수 있는 것이다.

backup 백업 (중요 데이터를 다른 곳에도 기록해 두어, 만약의 사고에 대비하는 것)

Backup by uploading to a server is a part of the email's function.

서버에 업로드하는 것으로 백업을 하는 것이 이메일 기능 중 하나이다. (▶ 그래서 자기 컴퓨터가 고장나도 다른 컴퓨터에서 이메일을 열어볼 수 있다.)

---

beta version 베타버전 (상품으로 완성되기 직전의 프로그램. 여러 사용자에게 사용 후기를 받아 결함을 수정하려는 목적으로 배포한다.)

The beta version is normally the first available program outside of the program's developer.

베타버전은 보통 프로그램을 개발한 회사의 외부에서 입수 가능한 첫 번째 프로그램이다. (▶ 베타버전보다 초기여서 더 완성도가 떨어지는 알파버전은, 주로 개발 회사 내부에서만 회람되는 프로그램이다.)

---

simulation 시뮬레이션, 모의실험 (컴퓨터로 실제 상황을 비슷하게 만들어 계산해 보는 것. 예를 들면 자동차 충돌 실험을 컴퓨터 계산으로 해봐서 설계에 필요한 정보를 얻는 것. 실제 자동차를 만들어 파괴해보지 않아도 되기 때문에 실험에 드는 시간이나 경비가 절약된다. 실제 상황과 약간 차이가 있기 때문에 최종 실험은 실제 상황을 만들어서 한다.)

Thanks to advanced simulation techniques, the developing duration of a new car has been reduced from around four years to one year.

모의실험 기술의 향상으로 신형차 개발에 4년 걸리던 것이 1년 정도로 줄었다.

FAQ 자주 묻는 질문 (Frequently Asked Questions: 어떤 내용을 설명할 때, 질문에 답하는 형식으로 설명하는 방식. 정말 자주 받는 질문도 있지만, 주로 개발자 측에서 추정한 질문이 많다.)

If we have read the FAQ from a company's website, we can imagine their business skills and technical level.

어떤 회사의 FAQ 부분을 읽고 나면, 우리는 그들의 사업 수완과 기술 수준을 어느 정도 가늠할 수 있다.

---

internet 인터넷 **intranet** 인트라넷 (내부 직원용 통신망을 intranet이라고 하는데 반해 internet은 접속 범위의 제한이 없는 통신망을 말한다. 인터넷이 바다라면 인트라넷은 호수)

Nowadays, the Internet has become essential like air and water to the people in developed countries.

작금에 문명국가 사람들에게 인터넷은 물과 공기 정도로 중요한 것이 되었다.

`format` 포맷; 포맷하다 (정보를 저장하기 위해 저장장치를 정리해 두는 행위. 마치 씨를 뿌리기 위해 땅을 가지런히 고르는 작업이라고 생각하면 된다. 포맷을 다시 해버리면 기존의 데이터는 전부 없어진다.)

Before formatting, you have to carefully save all the important data.

포맷을 하기 전에, 중요한 자료들은 신경 써서 저장해 두어야 한다.

`patch` 패치 (프로그램에 문제가 있는 부분을 수정해 주는 작은 프로그램. 원뜻은 옷이 해진 곳에 대는 헝겊을 말한다. 옷에 구멍이 났는데, 새 옷을 살 수 없으니 헝겊을 대고 수선하는 행위라고 생각하자.)

Windows program has been repaired by too many downloaded patches.

윈도 프로그램은 너무나 많은 다운로드 패치로 프로그램을 고쳐 왔다.

`plug and play` 플러그 앤드 플레이 (컴퓨터 장치 중 전기에 접속만 하면, 특별한 준비 없이 바로 사용할 수 있는 것들. 예를 들면 USB 키 같은 것을 말함)

All electronic devices, including computers, should be a 'plug and play' machine.

컴퓨터를 포함한 모든 전자 기기들이 구입하면 바로 사용 가능한 기계가 되어야 한다. (▶ 설치나 초기화가 간단해야 한다는 말이다.)

`HTML` 하이퍼텍스트 기술용 언어 (Hyper Text Markup Language: 웹페이지를 구성하게 해주는 컴퓨터 언어. 웹페이지에 그림이나 테이블 등을 올리면서 행하는 간단한 프로그램을 포함한다.)

HTML can be considered as a format to make a web page.

HTML은 웹페이지를 만들기 위한 포맷이라고 생각하면 된다.

`cloud, cloud computing` 클라우드, 클라우드 컴퓨팅 (다른 컴퓨터의 계산 능력을 빌려서 큰 계산을 하는 방식. 원뜻은 물론 '구름'이다. 시시각각 변하는 구름처럼 정해진 컴퓨터가 아니라 아무 곳에서나 동원 가능한 노는 컴퓨터를 빌려서 계산한다. 아마존에서 처음으로 이 방식의 컴퓨터 능력 대여업을 시작했다.)

Clouding is like clouds, moving freely, meaning we do not know where the asked work is being performed.

클라우드 작업은, 마치 자유롭게 움직이는 구름처럼, 요청된 작업이 지금 어디에서 실행되고 있는지 알 수 없다.

firewall 방화벽 (컴퓨터 바이러스가 쉽게 침투하지 못하게 하는 보안 벽. 원래는 화재 시 불이 번지는 것을 막는 목적으로 세운 벽이라는 뜻)

Due to **firewalls**, your intended downloading work can sometimes be blocked.

방화벽 때문에 어떤 때는 원하는 다운로드가 막히는 경우가 있다.

---

cookie 쿠키 (인터넷 접속 시 사용자의 컴퓨터에 저장되는 사용자의 접속 정보 파일)

Cookie was developed to increase the speed of processing when you revisit a website.

쿠키는 어떤 웹사이트를 재차 방문했을 때, 처리를 빠르게 할 목적으로 개발되었다.

---

upgrade 업그레이드; 개선하다 (기계장치를 보다 성능이 좋은 것으로 바꾸는 일)

Instead of **upgrading**, buying a new one is a better choice in many cases.

업그레이드를 하느니, 새 것을 사는 것이 더 나은 선택인 경우가 왕왕 있다.

---

update 업데이트; 갱신하다 (프로그램을 최신 버전으로 바꾸는 일)

Frequent offerings of **updating** many programs bothers me a lot.

많은 프로그램의 잦은 업데이트 제공에 짜증이 난다.

AI 인공지능 (Artificial Intelligence: 상황에 맞춰 스스로 최선을 찾는 기계나 프로그램)

We can say the goal of **AI** technology is to make a thinking machine to help humans.

인공지능의 목적은 인간을 도와줄 생각하는 기계를 만드는 것이라고 할 수 있다.

VR 가상현실 (Virtual Reality: 관객이 마치 현장에 있는 것처럼 해주는 3차원 영화 같은 것을 말한다.)

Virtual reality replicates an artificial environment and creates a sensory experience of seeing, touching, hearing and smelling.

가상현실이란 인위적인 환경을 만들어서 보고, 만지고, 듣고, 냄새 맡을 수 있는 감각적 경험을 재현시켜 주는 것이다. (▶ replicate 반복하다, 복제하다)

Turing test 튜링테스트 (사람이 컴퓨터와 대화하여 마치 사람과 대화한 것으로 착각할 정도로, 발전한 컴퓨터인지 아닌지를 판별하는 '인공지능 수준 감별법')

Eugene Goostman, a virtual 13-year-old Ukrainian boy, had passed Turing test by fooling 33% of the testers in 2014.

유진 구스트맨이라는 가상의 13세 우크라이나 소년은, 실험 참가자 33%를 속여 2014년에 튜링테스트를 통과했다. (▶ 컴퓨터 내부의 소년과 채팅으로 질문하며 대화해 본 사람들의 33%가 그를 인간이라고 생각했던 것이다. 러시아 전문가들이 만들었다.)

---

default 디폴트, 기본값 (사용자가 선택하지 않았을 때 컴퓨터가 자동으로 하는 선택. 법에서는 의무나 채무 불이행을 말한다.)

Default is a value assigned by programs when the choice is not made by the users.

디폴트는 사용자가 선택하지 않은 조건을 프로그램이 부여하는 값이다. (▶ 예를 들어, 문서를 새로 만들 때 '페이지 번호 넣기: 예/아니요'를 물었는데, 사용자가 어떤 대답도 선택하지 않은 채 실행 키를 치면 프로그램이 '예'를 자동으로 선택하게 되어 있다면, 페이지 번호 넣기 디폴트 값은 '예'로 설정된 것이다.)

---

robust 튼튼한, 믿음직한, 잡음의 영향을 덜 받는 (기계나 프로그램에 두루 사용되는 용어)

A robust system should be resilient against some erroneous signals or noises.

로버스트 시스템은 잘못된 신호나 잡음에 쉽게 고장 나지 않아야 한다. (▶ resilient: 복원력이 좋은, 회복이 빠른)

---

trigger 방아쇠; 방아쇠를 당기다 (작은 신호로 큰 에너지가 필요한 행위가 유발되는 것을 말함. 예를 들어, 작은 전기 스위치만 올리면 큰 기계가 돌아가는 것)

This switch on the front panel will trigger all ten chain actions of the measurement.

전면 패널에 있는 이 스위치는 10개의 측정 작용이 연쇄적으로 일어나도록 유발시킨다.

---

haptic 촉각의 (=tactile)

Haptic sensors are firstly applied on the tablet computer screens by Fujitsu.

촉각(손가락을 사용하는) 센서는 후지츠사에 의해 처음으로 컴퓨터 화면에 적용되었다.

semantics 의미론, 기호론, 시맨틱스 (언어가 나타내는 의미와 논리를 연구하는 분야)

In linguistics, semantics is a study of meaning or an interpretation of the meaning.

언어학에서 시맨틱스는 (언어의) 의미나 의미의 해석에 관한 연구이다.

---

denotation 명시적 의미, 디노테이션 (언어가 나타내는 직접적인 뜻. 인공지능은 인간의 언어를 정확히 이해할 수 있어야 한다.)

Denotation is the direct and explicit meaning of a word or a sentence.

디노테이션은 단어나 문장의 직접적이고도 명시적인 의미를 말한다.

---

connotation 암시적 의미, 코노테이션 (단어 자체가 아닌 배경적 의미. 우리가 흔히 말하는 '눈치'나 '분위기 파악'. 기계에게는 너무 어렵지만, 인간과 대화하는 인공지능 기계라면 어느 정도 갖추어야 할 능력이다.)

Connotation is an implied meaning associated with emotion or culture.

코노테이션은 문화 또는 감정과 연관된 (언어의) 함축적 의미를 말한다.

Exercise 11

다음 빈칸에 주어진 첫 글자로 시작하는 단어를 써넣으시오.

1. The word 'laser' is also an a _ _ _ _ _ _.
2. A _ _ _ _ values should be re-initialized carefully for another successive iteration.
3. B _ _ _ _ _ by uploading to a server is a part of the email's function.
4. To find a b _ _ quickly is one of the most important skills to be a good programmer.
5. C _ _ _ _ _ _ _ is like clouds, moving freely, meaning we do not know where the asked work is being performed.
6. C _ _ _ _ _ _ _ _ is the translation process of a high-level language into machine language.
7. C _ _ _ _ _ was developed to increase the speed of processing when you revisit a website.
8. D _ _ _ _ _ _ _ _ a program sometimes takes more time than coding the whole program.
9. Due to f _ _ _ _ _ _ _ _, your intended downloading work can be blocked.
10. Before f _ _ _ _ _ _ _ _ _, you have to carefully save all the important data.
11. Due to wireless connections, h _ _ _ _ _ _ can enter your computer more easily.
12. D _ _ _ _ _ _ is a value assigned by programs when the choice is not made by the users.
13. This switch on the front panel will t _ _ _ _ _ _ all ten chain actions of the measurement.
14. H _ _ _ _ _ _ sensors are firstly applied on the tablet computer screens by Fujitsu.
15. C _ _ _ _ _ _ _ _ _ _ is an implied meaning associated with emotion or culture.

> **Answers**
> 1. acronym 2. Array 3. Backup 4. bug 5. Clouding 6. Compiling 7. Cookie 8. Debugging
> 9. firewalls 10. formatting 11. hackers 12. Default 13. trigger 14. Haptic 15. Connotation

Science-Technology-Engineering-Mathematics History

프로그래밍, 컴퓨터와 소통하기

컴퓨터 프로그램은 컴퓨터에게 사용자가 필요로 하는 일을 시키는 '작업 지시서'이다. 아직까지의 컴퓨터는 말을 잘 못 알아듣는 귀머거리여서, 작업 지시를 말로 할 수 없고 글로 써서 컴퓨터에게 읽어 보게 해야 한다. 이렇게 글로 쓰는 프로그램을 짜는 데 사용되는 언어를 programming language라고 한다. 프로그래밍 언어로 가장 유명했던 것은 포트란(FORTRAN)이라는 언어였다. 지금은 아마도 C언어(C language)일 것이며, 여기에서 파생된 것이 C++(C플러스플러스)나 Java 같은 언어이다.

포트란은 1950년대에 IBM에서 개발된 과학기술 계산용 컴퓨터 언어로서, 현재의 영어처럼 컴퓨터계의 세계 공용어로 사용되었다. 그런데 포트란은 콤팩트하지 못했고 너무 고급언어였다. 컴퓨터에서 고급언어란 고상하다는 뜻이 아니고, 컴퓨터의 작동 논리보다는 사람의 논리와 표현에 더 가까운 언어라는 뜻이다. 프로그램 언어가 콤팩트하지 못하고 너무 고급언어이면 다른 사용자가 이해하기는 쉬우나, 프로그램이 길어진다. 그리고 컴퓨터와 '속 깊은 대화'를 하기 어렵다.

그런대로 포트란을 사용하는 데 큰 문제는 없었는데, 아주 혁신적인 C언어가 1970년경에 Bell Lab에서 만들어졌다. C언어는 직접 비트(컴퓨터 내부 데이터)를 컨트롤할 수도 있고, 데이터 주소를 통해 가로-세로의 직방형 데이터 구조를 연결된 하나의 체인으로 처리하여 속도를 높이고, 데이터 저장을 콤팩트하게 해준다. 예를 들어 주소록을 만들 경우를 생각해 보자. 포트란은 첫 칼럼에 이름, 둘째 칼럼에 주소를 넣은 긴 테이블을 만든다. 이 경우 이름과 주소의 칸 수는 가장 긴 경우를 대비하여 넉넉하게 잡아야 한다. 그러면 이름과 주소가 짧은 부분은 공백이 많아 메모리 낭비가 생긴다. 하지만 C언어는 주소가 짧은 부분은 바로 다음에 다른 사람의 이름과 주소가 오게 해서 꽉 메워 주소록을 만들 수 있도록 메모리를 사용한다. 그래서 포트란보다 좀 더 복잡하고 저급 언어이다. 컴퓨터 언어에서 저급이란 '저질'을 의미하는 것이 아니라, 사람보다 기계의 입장을 더 많이 고려해서 만든 언어라는 뜻이다.

그러다가 1980년경에 C언어를 보완하여 나온 C++ 언어에서는 object-oriented(객체지향)라는 개념을 들고 나왔다. 번역이 마땅찮고 원어도 이상해서 필자는 거의 10년째 이 작명의 뜻을 고민해 왔다. object-oriented programming(객체지향프로그래밍)이라는

123

말을 쉽게 다시 작명하면, Lego-like programming이 꼭 맞는 이름이다. 레고로 장난감 집을 지을 때, 이미 만들어진 다양한 형태의 부품들을 끼워 맞추기만 하면 된다. 이 레고 벽돌을 object라고 부르는 것이다. 즉 완제품을 만들기 위해 모든 사람들이 처음부터 코딩을 하는 것이 아니라, 이미 만들어진 부품 프로그램들을 조립만 하면 큰 프로그램이 완성되게 하는 구조이다. 발전되어 갈수록 시중에는 더욱 정교한 부품들이 기성품으로 나오게 된다. 이 경우에는 부품 프로그램끼리의 인터페이스가 정말 중요해진다.

코딩을 할 때, 위의 이야기를 다 잊어버려도 좋지만 하나는 기억하자. 컴퓨터는 정밀한 기계지만, 눈치가 없다. 그러므로 정확하게 일을 시키지 않고, 컴퓨터에게 "척하면 척 아냐?"라는 식의 대화로는 소통 불가하다. 사람의 경우도 정직성과 눈치 빠름은 반비례한다. 즉, 정직한 사람은 눈치가 없고, 눈치 빠른 사람은 덜 정직할 확률이 높다는 말이다. 컴퓨터는 엄청 정직하고 성실하지만, 눈치는 아예 없는 돌쇠형 인간에 가깝다.

12 컴퓨터 하드웨어
Hardware

여기에서는 컴퓨터 기계장치에 해당하는 하드웨어 용어들을 설명한다. 일전에 어느 탈북자의 인터뷰를 시청한 적이 있는데, 한국 생활의 어려운 점은 무엇이냐는 사회자의 질문에 모르는 외래어가 너무 많이 사용된다며 특히 컴퓨터 용어를 지적했다. 혹시 주변에 이처럼 관련 용어를 몰라 최첨단 문명인 컴퓨터 사용에 어려움을 겪는 사람이 있다면 이번 단원을 확실하게 공부하여 도와주면 좋을 것이다.

☑ Precheck

- ☐ desktop
- ☐ laptop, notebook
- ☐ CPU
- ☐ GPU
- ☐ hard disk, hard drive
- ☐ memory
- ☐ ROM
- ☐ RAM, DRAM, SRAM
- ☐ MB, GB
- ☐ flash memory
- ☐ virtual memory
- ☐ volatile
- ☐ client, server
- ☐ bus
- ☐ console
- ☐ module
- ☐ register
- ☐ pixel
- ☐ peripheral
- ☐ UPS
- ☐ WORM
- ☐ port
- ☐ clock rate
- ☐ defragment, defragmentation
- ☐ motherboard
- ☐ LCD
- ☐ slot
- ☐ configuration
- ☐ booting

desktop 데스크톱, 탁상용 컴퓨터 (화면과 본체가 분리된, 책상 위에 놓을 수 있는 소형 컴퓨터)

In a few more years, desktop computers may disappear, only monitors will still survive.

몇 년 더 지나면 탁상용 컴퓨터는 사라질지 모르지만, 모니터는 살아남을 것이다.

---

laptop, notebook 랩톱, 휴대용 컴퓨터 (화면과 본체가 붙어 있음), 노트북 (notebook은 원래 상품명이며 영어권에서 사용되는 단어는 laptop으로 무릎에 올려 두고 사용한다는 뜻이다.)

IBM's ThinkPad was released in 1992 and it can be thought as the first laptop computer whose performance is as good as a desktop computer.

IBM의 ThinkPad가 1992년에 출시되었는데, 탁상용 컴퓨터와 비슷한 성능을 가진 최초의 랩톱 컴퓨터 라고 말할 수 있다.

CPU 중앙처리장치 (Central Processing Unit: 인간의 뇌에 해당하는 부분)

Intel and AMD are the most dominant companies in the CPU markets.

Intel과 AMD가 (세계) CPU 시장을 거의 쥐고 있는 회사들이다.

GPU 그래픽 처리장치 (Graphic Processing Unit: 각종 그래픽 정보들을 처리하는 장치. 그래픽 만 전문으로 하는 CPU라고 생각하면 된다.)

For heavy CAD works, a decent GPU is necessary to accelerate graphic processing.

무거운 (데이터 양이 많은) CAD 업무를 하려면 그래픽 처리를 빨리 하기 위해 꽤 좋은 GPU가 필요하다.

---

hard disk, hard drive 주기억장치 (과거에 보조기억장치로 floppy disk를 사용했는데, 플로피디스크는 흐늘거리는 얇은 디스크였기에, 반대로 단단한 디스크라는 뜻으로 hard disk라는 이름을 사용했다.)

Hard disks contain a rotating mechanism inside, so it could be easily broken by impact.

주기억장치는 내부에 회전하는 기계장치를 가지고 있어, 충격에 쉽게 파손될 수 있다.

---

memory 메모리 (목공 일을 보기로 든다면, 하드디스크는 작업이 다 끝난 물건들을 차곡차곡 쌓

아 두는 창고라면, 메모리는 아직 작업이 끝나지 않은 부품이나 못, 공구가 흩어져 있는 작업대 같은 곳이다. 사람이 계산할 때에도 도중에 여러 가지 값을 기억해야 하는 것처럼, 메모리에는 작업 도중에 발생하는 값들이 저장되었다가 지워진다.)

To maintain a high speed of calculations for your computer, you have to have enough memory capacity. A powerful CPU cannot guarantee the speed if the memory capacity is small.

컴퓨터의 빠른 계산 속도를 유지하려면 메모리 용량이 충분해야 한다. CPU가 좋다고 해도 메모리가 적으면 (연산) 속도를 보장할 수 없다.

ROM 롬 (Read-Only Memory: 컴퓨터가 기능을 수행하기 위해 작동용 프로그램을 깔아 둔 기억 공간. 오직 읽을 수만 있고 변경이 불가하다.)

ROM in computers can be understood like the basic intelligence of children.

컴퓨터에서 ROM은 아이들의 기초 (지니고 태어나는) 지능이라고 생각하면 된다. (▶ 아기가 배고프면 울고 엄마 젖을 찾는 기능처럼, ROM도 컴퓨터를 살 때부터 기본적인 기능만 제공하는 프로그램을 미리 저장해 둔 메모리 공간.)

RAM 램 (Random Access Memory: 사용자가 컴퓨터를 사용하는 동안 계산이나 기록이 이루어지는 공간. 사용자의 요청에 의해 언제나 새로운 데이터가 들어오고 오래된 데이터들은 없어지는 임시 기억 공간)

DRAM 디램, 동적 램   **SRAM** 에스램, 정적 램

DRAM is a volatile memory in which the data disappears after turning off a computer, but SRAM is nonvolatile memory in which the data still remains, after turning it off.

DRAM은 휘발성 메모리로 컴퓨터 전원을 끄면 지워지지만, SRAM은 비휘발성 메모리로 전원을 꺼도 데이터가 남아 있다.

MB 메가바이트 (megabyte)   **GB** 기가바이트 (gigabyte) (메모리 용량으로 1메가바이트는 사진 한 장, 1기가바이트는 사진 천 장 또는 영화 한 편을 담을 수 있는 정도의 크기이다.)

With a compressing program, we could reduce this 1GB file to a 200MB file.

압축 프로그램으로 우리는 1GB 크기의 파일을 200MB 크기로 줄일 수 있었다.

---

flash memory 플래시메모리 (디지털 카메라에 사용하는 기억장치. SRAM으로, 전기를 꺼도

여전히 기억 내용이 남아 있다. flash의 원뜻은 사진 찍을 때 터뜨리는 조명)

Flash memory is a type of nonvolatile memory and is very strong against shock and high temperature.

플래시메모리는 비휘발성 메모리의 일종으로 충격과 고온에 강하다.

`virtual memory` 가상 메모리 (복잡한 계산을 위해서는 많은 메모리가 필요한데, 메모리가 부족할 경우 하드디스크의 일부를 메모리로 사용하는 것이 가상 메모리이다. 하드디스크에 들어 있는 데이터가 캐비닛에 들어 있는 공구라면, 메모리에 들어 있는 데이터는 작업대 위에 놓여 있는 공구이다. 그래서 하드디스크는 메모리보다 정보 출입 속도가 느리다.)

When a big calculation is performed, the computer assigns automatically a virtual memory to enlarge memory capacity.

대용량의 계산이 수행될 때, 컴퓨터는 메모리 용량을 늘리기 위해 자동으로 (하드디스크 일부분에 대해) 가상 메모리를 지정한다.

`volatile` 휘발성의 (전원이 끊기면 내용이 지워지는 기억장치를 말한다. 하드디스크나 플래시메모리는 여기에 포함되지 않으며, 보통 DRAM 메모리가 여기에 해당한다.)

To keep data in a volatile memory, electric voltage should be maintained.

휘발성 메모리의 데이터를 계속 보관하려면, 일정 전압을 유지해 주어야 한다.

`client` 고객 컴퓨터 `server` 서버 컴퓨터 (홈페이지 등을 운용하는 회사의 주 컴퓨터가 서버에 해당하며, 개개인의 접속에 사용되는 컴퓨터가 클라이언트에 해당한다. 대체로 서버는 큰 용량의 컴퓨터이다.)

Download is a data flow from a server to the clients and vice-versa for uploads.

다운로드는 서버에서 고객 컴퓨터로 데이터가 흐르는 것, 업로드는 그 반대 방향의 데이터 흐름을 말한다.

`bus` 버스 (CPU와 내부 장치를 연결하는 회로. 마치 버스가 많은 사람을 태우고 정기적으로 운행하는 것처럼 중요한 회로 연결을 말한다.)

A bus in computers is an electric channel to connect components.

컴퓨터에서 bus란 각 부품들을 전기적으로 연결하는 통로이다.

`console` 콘솔 (제법 큰 사무용 컴퓨터나 게임기 같은 것을 말함. 원래 뜻은 키가 낮고 길게 생긴 가구)

X-box and Nintendo are maybe the most famous consoles in the whole computer history.

X-box와 닌텐도가 아마도 컴퓨터 역사상 가장 유명한 콘솔일 것이다.

`module` 모듈 (유사 기능을 가진 부품들끼리 모아서 만든 부품 세트 상자. 고장 시에 소자를 일일이 확인하여 고치기도 어렵고, 컴퓨터를 통째로 버릴 수도 없으니까, 적당한 크기의 부품 세트인 모듈을 바꾸는 것으로 쉽게 수리할 수 있다.)

Instead of repairing, module change is an easier way to fix a problem.

고치는 것보다 모듈을 바꾸는 것이 문제를 해결하는 더 쉬운 방법이다.

`register` 레지스터 (작업 중이나 처음 컴퓨터를 켤 때를 대비해 중요 정보를 기억해 두었다가 빨리 불러들일 수 있는 저용량, 고속도의 메모리)

Register is the fastest accessible memory used during data processing.

레지스터는 데이터 처리 중에 사용하는 가장 접근이 빨리 되는 메모리다.

`pixel` 화소 (사진이나 그래픽에서 가장 작은 크기의 색체 정보. 픽셀이 작게 나뉠수록 사진이 정밀해진다.)

A decent digital camera nowadays has more than 10 Mega pixels.

요즘 그런대로 쓸 만한 카메라는 10메가 이상의 픽셀을 가진다.

`peripheral` 주변적인; 주변기기 (컴퓨터와 연결하여 조작 가능한 프린터, 복사기 등을 말함)

Typical peripheral machines around a computer are printers and scanners.

대표적인 컴퓨터 주변기기는 프린터와 스캐너이다.

`UPS` 비상 전원 배터리 (Uninterrupted Power Supplier: 전원이 꺼졌을 때 신속하게 전원을 공급해 주는 장치. 노트북의 경우는 배터리가 내장되어 있어 필요 없다.)

A UPS is not required for laptop computers due to its chargeable

batteries.
속에 충전용 배터리가 있어, 랩탑 컴퓨터에는 UPS가 필요 없다.

WORM 읽기 전용 기록 장치 (Write Once, Read Many: 음악을 담아 둔 CD처럼 여러 번 들을 수는 있지만, 그 위에 덧쓰기를 할 수 없는 기록 장치들)

WORM media are fading out in the markets because new data cannot be overwritten on them.
WORM 매체들은, 새로운 데이터를 덧쓰기 할 수 없어 시장에서 점점 시들해지고 있다.

---

port 포트 (컴퓨터가 다른 장치와 데이터를 교환하기 위해 연결할 수 있게 만든 소켓. 모니터용, USB용, 프린터 연결용, 인터넷 연결용 등 여러 가지가 있다.)

A computer holds four or more different types of ports.
하나의 컴퓨터에는 4개나 그 이상의 다른 포트가 있다.

---

clock rate 클록 수 (컴퓨터가 데이터를 처리하는 속도)

Nowadays, the clock rate of a normal computer is more than 1 Giga hertz.
지금 보통 컴퓨터의 클록 수는 기가헤르츠보다 더 빠르다.

---

defragment, defragmentation 자료 재정리, (데이터) 조각 모으기 (fragment는 '조각'을 뜻하며, defragment는 여러 개로 나누어진 파일들을 잘 정리해서 자료 접속 속도를 증가시키는 것을 말한다.)

By proper defragmentation, you can earn more space in your hard disk.
디스크 조각 모음을 적절히 하면 하드 디스크의 공간을 좀 더 얻을 수 있다.

---

motherboard 기판 (컴퓨터 내에서 모든 소자들이 조립되는 판. 판 내부에는 소자들을 연결해 주는 전기회로가 이미 만들어져 있어서 정확한 위치에 소자들을 끼우면 된다.)

Most motherboards are made by Taiwanese companies.
거의 모든 기판은 대만 회사들이 만든다.

LCD 액정 화면 (Liquid Crystal Display: 브라운관보다 두께가 훨씬 얇다. 가격이 비싸고 화면이 어둡던 단점이 대폭 개선되어 요즈음 대부분의 디스플레이는 LCD이다.)

After LCD came out, TV sets became very slim, from 40 to 4cm.

LCD가 나온 후 TV는 아주 날씬해져서 40cm에서 4cm로 되었다.

---

slot 슬롯 (판형 모듈을 끼울 수 있게 만든 홈)

Slots are made of slim bent steel and act as a spring to guarantee the electric contact between inserted modules and slots.

슬롯은 얇고 휘는 철판으로 만들어져 스프링처럼 작동하여 끼워진 모듈과의 전기 접촉을 확실하게 해 준다.

---

configuration 구성 (컴퓨터를 적합한 내부 장치들과 연결하는 일)

According to the configurations you choose, the price of your computer can vary significantly.

당신이 선택하는 구성에 따라, 컴퓨터 가격이 많이 달라진다.

---

booting 부팅 (처음 컴퓨터를 켜서 여러 가지 프로그램을 불러와 기능하게 만드는 일)

Booting time is one of the most important specifications of an operating system.

부팅 시간은 오퍼레이팅시스템의 가장 중요한 사양 중 하나이다.

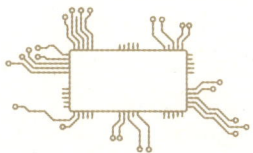

Exercise 12

다음 빈칸에 주어진 첫 글자로 시작하는 단어를 써넣으시오.

1. B _ _ _ _ _ _ time is an important specification of an operating system.
2. Nowadays, the c _ _ _ _ _ rate of a normal computer is more than 1 Giga hertz.
3. According to the c _ _ _ _ _ _ _ _ _ _ _ _ _ you choose, the price of your computer can vary significantly.
4. Intel and AMD are the most dominant companies in the C _ _ markets.
5. By proper d _ _ _ _ _ _ _ _ _ _ _ _ _ _, you can earn more space in your hard disk.
6. F _ _ _ _ memory is very strong against shock and high temperature.
7. For heavy CAD works, a decent G _ _ is necessary to accelerate graphic processing.
8. After L _ _ came out, TV sets became very slim, from 40 to 4cm.
9. Instead of repairing, m _ _ _ _ _ change is an easier way to fix a problem.
10. Typical p _ _ _ _ _ _ _ _ _ machines around a computer are printers and scanners.
11. A decent digital camera nowadays has more than 10 Mega p _ _ _ _ _ _.
12. A computer holds four or more different types of p _ _ _ _.
13. R _ _ _ _ _ _ _ _ is the fastest accessible memory used during data processing.
14. R _ _ in computers can be understood like the basic intelligence of children.
15. To keep data in a v _ _ _ _ _ _ _ _ memory, electric voltage should be maintained.

Answers

1. Booting 2. clock 3. configurations 4. CPU 5. defragmentation 6. Flash 7. GPU 8. LCD
9. module 10. peripheral 11. pixels 12. ports 13. Register 14. ROM 15. volatile

Science-Technology-Engineering-Mathematics **History**

컴퓨터 다이어트의 역사

현재 우리가 사용하는 컴퓨터와 유사한 기능을 가진 최초의 컴퓨터는 1946년 University of Pennsylvania (미국 동부 필라델피아 소재)에 설치되었던 에니악(ENIAC)이라는 기계이다. 구글에서 사진을 검색해 보면 이 기계는 큰 빌딩의 한 층 정도를 다 차지하는 정도의 거대한 규모이다.

그런데 바로 다음 해인 1947년에 트랜지스터가 발명되어 진공관을 대체하면서 컴퓨터 소형화의 가능성이 열렸다. 트랜지스터를 이용하여 1976년에 애플사가 처음으로 개인용 컴퓨터를 선보인다. 1981년에는 IBM사가 빌 게이츠의 DOS라는 운영체계를 탑재한 IBM 5150을 출시하면서 PC 라는 말이 사용되기 시작했다. 우리가 노트북이라고 부르는, 화면과 기계 본체가 붙은 랩톱 컴퓨터는 일본 도시바가 처음으로 만든 것이다. 서울 올림픽으로 떠들썩하던 1988년에 랩톱 컴퓨터를 출시한 도시바는 곧이어 IBM의 ThinkPad 라는 강력한 경쟁자를 만나서 고전했지만, 산전수전을 다 겪고도 아직 시장에서 건재하다.

이제 컴퓨터의 많은 기능은 휴대전화에 들어 있다. 사실 기계가 너무 작아서 타이핑하기 불편하고, 화면이 작아서 보기 불편한 문제, 즉 인간 지각의 한계 때문에 휴대전화가 충분히 컴퓨터를 대체하지 못할 뿐, 기능이나 성능은 웬만한 컴퓨터만큼 만들 수 있는 시대가 되었다. 이 스마트폰 시대의 강자가 삼성이 될 줄은 아마 도시바도, IMB도 몰랐을 것이다. 중간에 NOKIA라는 다크호스가 나타났다가 사라졌고 애플이 여전히 기술력의 절대강자라는 지위를 누리지만, 삼성의 시장 지배는 한동안 계속될 것 같다.

그동안 컴퓨터는 빌딩 한 층을 다 차지할 정도였다가, 사무실 하나 정도로 살림을 줄였고, 다시 책상 위에 올라앉는 정도에서 무릎 위로 친근하게 내려앉았다가, 이제는 손바닥 안으로 들어왔다. 1946년의 출발을 약 10m×10m×1m 정도의 크기로 본다면 지금의 스마트폰은 10cm×10cm×1cm이다. 약 60년, 환갑까지 나이를 먹어 오면서 컴퓨터는 그 부피를 백만분의 일까지 줄였다. 해마다 쉴 새 없이 자신의 몸집을 거의 1/4씩 줄여온 살인적 다이어트의 역사를 컴퓨터는 가지고 있는 것이다.

* 윗글은 필자의 책 《제조업에 길을 묻다》의 39~41쪽 내용에서 발췌한 것이다.

13 전기, 전자
Electricity & Electron

전기공학과 전자공학의 구별은 분명하지 않다. 하지만 대체로 전기공학은 불을 밝히거나 승강기를 들어 올리는 등 전기를 에너지로 사용하는 경우이고, 전자공학은 전기를 신호로 사용하는 경우라고 할 수 있다. 그래서 대량의 전기를 사용하는 전기공학에서는 에너지 낭비를 줄이기 위해 효율을 중요시 하는 반면, 적은 전력을 사용하는 전자공학에서는 효율보다는 잡음을 줄여 깨끗한 신호를 얻는 것을 중시한다. 역사가 짧기에 전기·전자 용어들은 비교적 최근에 만들어졌으며 약자가 많이 사용된다.

☑ Precheck

- ☐ ampere
- ☐ voltage, volt
- ☐ direct current, alternating current
- ☐ analog, digital
- ☐ A/D converter, convert
- ☐ charge, discharge
- ☐ active element, passive element
- ☐ circuit
- ☐ alternator
- ☐ amplifier
- ☐ ASCII
- ☐ bandwidth
- ☐ broadband
- ☐ resistance, resistor
- ☐ capacitance, capacitor
- ☐ inductor, inductance
- ☐ impedance
- ☐ resonance
- ☐ short-circuit
- ☐ open-circuit
- ☐ logic gate
- ☐ heat sink
- ☐ IC
- ☐ IEEE
- ☐ transistor
- ☐ junction
- ☐ diode
- ☐ LED
- ☐ linear
- ☐ surge
- ☐ transformer
- ☐ transducer
- ☐ JFET
- ☐ MOSFET

ampere 암페어, 전류의 단위 (프랑스 과학자 앙페르(Ampère 1775-1836)를 기려 그의 이름에서 따옴)

The ampere (constant current) is defined as a mechanical force attracted by two parallel electric conductors carrying a constant current.
암페어 (연속적으로 흐르는 전류)는 전기가 흐르는 두 평행한 전선에 작용하는 인력으로 정의된다.

---

voltage 전압 **volt** 볼트, 전압의 단위 (두 점 간의 전기적 압력의 차이만 중요하며, 절대적 값은 의미가 없다. 이탈리아 과학자 볼타(Volta 1745-1827)를 기려 그의 이름에서 따옴)

Voltage difference in electric circuits is similar to pressure difference in a water pipe.
전기회로에서 전압의 차이는 물이 흐르는 배관에서의 압력 차이와 비슷하다.

---

direct current 직류 **alternating current** 교류 (직류는 건전지에서 나오는 것처럼 일정한 전기이고, 교류는 가정용 전기처럼 크기가 계속 변하는 전기이다.)

Batteries supply a direct current and rotating generators produce an alternating current.
전지는 직류를 공급하고, 회전하는 발전기는 교류를 생산한다.

---

analog 아날로그 **digital** 디지털 (아날로그는 물리적 전기 형태 그대로이고, 디지털은 사 사오입하여 단순하게 만든 전기로 신호용이다.)

Analog signals are continuous and digital signals are discrete.
아날로그 신호는 연속적이고, 디지털 신호는 불연속적이다.

A/D converter 아날로그-디지털 변환기 (아날로그 신호를 디지털로 바꾸는 장치)
convert 전환시키다

Before A/D converting, an alternating current should be transformed into a direct current.
아날로그를 디지털로 바꾸기 전에, (아날로그) 교류는 직류로 바뀌어야 한다.

---

charge 충전하다; 전하 **discharge** 방전하다

Charging is saving electric energy and **discharging** is dispensing it.

충전은 전기에너지를 저장하는 것, 방전은 에너지를 사용하는 것이다.

---

active element 능동소자 **passive element** 수동소자 (능동소자는 신호를 키우는 등의 역할을 하는 트랜지스터나 앰프의 소자를, 수동소자는 들어온 전기를 그대로 소모하거나 보관, 저항 역할을 하는 축전기, 코일 등의 소자를 말한다.)

Typical active elements are transistors which can amplify signals.

전형적인 능동소자는, 신호를 증폭할 수 있는 트랜지스터이다. (▶ 트랜지스터가 신호를 증폭할 수 있게 바이어스를 통해 옆에서 에너지를 공급해 준다. 별도의 에너지 공급 없이 작은 신호를 큰 신호로 증폭하는 것은 에너지보존법칙에 위배되며 불가능하다.)

---

circuit 회로 (한 바퀴 돌아서 온다는 의미)

Electric circuits and magnetic circuits are all closed loop, giving a return path for the electric current or for the magnetic flux.

전기회로나 자기회로는 폐회로여서 전류나 자기 플럭스가 되돌아오는 길을 제공한다.

---

alternator 교류발전기 (가운데 회전하는 영구자석을 두고 고정자에 코일을 감아 발전하는 소용량 발전기)

Alternators installed on automobiles are used to charge the battery.

자동차에 설치된 발전기는 배터리를 충전하기 위해 사용된다.

---

amplifier 증폭기 (신호를 키워 준다. 옆에서 별도의 전기를 공급해 주는 장치가 있다.)

The most important quality measure of amplifiers is 'signal to distortion (warping) and noise ratio'.

증폭기의 가장 중요한 품질 지수는 원신호 대비 왜곡과 잡음의 비율이다.

ASCII 아스키 (American Standard Code for Information Interchange: 컴퓨터에서 알파벳으로 타이핑할 때 이용되는 모든 키에 번호를 하나씩 부여한 코드이다. 대소문자, 숫자, 각종 기호, 탭을 0~255까지 번호를 붙여 표준으로 삼은 코드)

Encoded data by ASCII code is readable, but binary encoded

data is difficult to read.
아스키로 암호화된 데이터는 읽을 수 있으나, 이진법으로 된 데이터는 읽기 어렵다.

bandwidth 전송 속도 (얼마나 넓은 주파수 범위의 데이터를 동시에 보낼 수 있는지를 말함), 주파수 대역 (라디오 방송을 맞출 경우, 정해진 주파수 대역을 벗어나면 잡음이 심해지고 더 벗어나면 다른 방송이 나온다.)
In computing, bandwidth means the rate of data transfer.
컴퓨터 분야에서, 주파수 대역은 데이터 전송속도를 말한다.

broadband 광대역 (넓은 범위의 주파수를 한 채널로 동시에 전송하는 기술: 초고속 인터넷 서비스)
Many websites offer the broadband internet speed test.
많은 웹사이트에서 광대역 인터넷 속도 시험을 제공한다.

resistance (전기)저항 (전류의 흐름을 방해하는 요소. 기계에서 마찰력에 해당)
resistor (전기)저항기
Electric resistance corresponds to mechanical friction.
전기저항은 기계 마찰에 상응한다.

capacitance 축전, 커패시턴스 **capacitor** 축전기 (condenser라고도 함. 전기를 저장하는 요소. 교류에서는 마치 기계적 스프링처럼 에너지를 저장하는 역할을 한다.)
Electric capacitance is to save energy and it corresponds to the mechanical spring system.
커패시턴스는 에너지를 저장하며 기계적 스프링 시스템에 상응한다.

inductor 유도자, 인덕터 **inductance** 인덕턴스 (원어를 많이 사용. 여러 바퀴가 감긴 코일을 말하며 교류에서는 전기의 흐름을 늦추는 지연효과가 생긴다.)
Inductance can be understood as mechanical inertia.
전기 인덕턴스는 기계에서의 관성이라고 이해하면 된다.

impedance 임피던스 (원뜻은 방해물, 장애물. 교류에서의 전체 저항을 말하며, 저항, 축전기, 유도자가 모두 결합된 형태를 가진다. 축전기와 유도자의 임피던스는 주파수와 관계되지만, 저항의 임피던스는 주파수와 무관하다.)

Impedance can be explained as 'a total resistance' depending upon the frequency.

임피던스는 주파수에 따라 변하는 전체 저항이라고 말할 수 있다.

---

resonance 공진 (축전기와 유도자를 적절히 선택하여 전류가 최대가 되는 현상)

At **resonance**, impedance becomes minimum.

공진에서 임피던스는 최소가 된다.

---

short-circuit 단락; 단락이 생기다 (짧게 연락되었다는 뜻. 저항이 거의 없어 큰 전류가 흐르므로 상당히 위험하다.)

For a transformer, the current value in the **short-circuited** secondary side is an important parameter.

변압기에서 2차 측이 단락된 상태에서의 전류 값은 중요한 특성이다.

---

open-circuit 개회로의; 개방회로 (단락과 반대로 회로가 끊어져 전기가 흐르지 않는 상태)

In network analysis, **open-circuit** voltage is called Thévenin voltage.

전기망 해석에서는, 개방회로의 전압을 테브난 전압이라고 부른다. (▶ Thévenin(1857-1926) 프랑스 엔지니어)

---

logic gate 논리 게이트, 논리회로 (논리 신호를 처리하는 전자 요소. 예를 들어 0과 1이 들어오면, 곱하기 게이트는 0을 출력하고, 더하기 게이트는 1을 출력한다.)

Logic gates are the foundation of the digital signal process.

논리회로는 디지털 신호처리의 기본이다.

---

heat sink 열 흡수원 (알루미늄 판을 주로 사용. 전자 기기는 냉각이 중요하다.)

If a **heat sink** is not enough, a ventilation fan should be installed near the heat source.

열 흡수원이 충분하지 않으면 열원 근방에 통풍용 팬을 설치해야 한다.

IC 집적회로 (Integrated Circuit: 좁은 공간에 여러 회로를 넣고 부피를 줄인 회로)

If a transistor is an apartment, an IC can be thought of as a big apartment complex.

트랜지스터 하나가 아파트 한 채라면, IC는 큰 아파트 단지라고 할 수 있다.

IEEE 아이트리플이 (Institute of Electrical & Electronics Engineers: 전기·전자기술자협회)

Most academic journals in electric engineering are associated with IEEE.

전기공학에서의 유명 학술지는 거의 IEEE와 제휴하고 있다.

---

transistor 트랜지스터 (성질이 약간 다른 반도체 재료를 붙여 전기의 증폭이나 스위칭 역할을 하는 작은 소자. 1946년에 발명되어 전자제품들의 소형화와 저 전력 소비를 가능하게 했다.)

The transistor was invented by William Shockley around 1950.

트랜지스터는 1950년경 윌리엄 쇼클리에 의해 발명되었다.

---

junction 접합 (두 개의 속성이 다른 반도체를 붙인 것 또는 그 경계면을 말함)

All transistors' characteristics come from the electrical behavior at various junctions.

모든 트랜지스터의 특성은 다양한 접합의 전기적 특성에서 나온다.

---

diode 다이오드 (전압이 역방향이면 전류를 막고, 순방향의 약간 큰 전압에서는 전류를 대량으로 흘려 주는, 스위치 역할을 하는 전자소자)

The most important function of the diode is switching.

가장 중요한 다이오드의 기능은 스위칭이다. (▶ 스위칭이란 가정용 스위치처럼 전기를 껐다 켰다 하는 기능을 말하는데, 사람 손으로 하는 것이 아니라, 전류와 전압의 크기에 따라 자동으로 동작하게 해주는 것을 말한다.)

LED 발광 다이오드, 엘이디 (Light Emitting Diode: 작은 전기를 받아 빛을 내는 소자)

LED consumes very low energy and started to be used for lighting apparatuses.

LED는 에너지 소비가 아주 낮아서 조명 기구로 이용되기 시작했다.

linear 선형의 (몇 개의 원인을 합하여 공급했을 때의 결과와 하나씩의 원인을 더한 결과가 동일한 경우)

In a saturated region, transistors do not function anymore as a **linear** element.

포화 영역에서 트랜지스터는 더 이상 선형 요소로 작동하지 않는다.

---

surge 서지 (갑작스러운 전압이나 전류의 상승. 유동 편에서 다루어진 단어임)

A **surge** protector limits electrical spikes and protects electrical devices.

서지 보호기는 전기가 높게 튀는 것을 제한시켜 전기장치들을 보호한다.

---

transformer 변압기 (교류 전압을 바꾸는 장치)

Without **transformers**, a long distance distribution of electric power will be impossible due to too much energy loss.

변압기 없이는 에너지 손실이 너무 많아 장거리 배전이 불가할 것이다.

---

transducer 변환기 (물리·화학적 측정치를 전기신호로 변환시키는 장치. 센서)

Nowadays, all mechanical variables can be transformed into electric signals through various **transducers**.

요즘, 모든 기계적 변수(속도, 무게 등)는 다양한 변환기를 통해 전기신호로 전환될 수 있다.

JFET 제이펫 (Junction Field Effected Transistor: 전기장을 걸어주어 전기의 흐름을 조절하는 트랜지스터와 비슷한 소자)

In **JFET**, the current can be controled by the Gate voltage.

JFET에서는 전류의 양이 게이트 전압에 의해 조절될 수 있다.

MOSFET 모스펫 (Metal Oxide Semiconductor Field Effected Transistor: JFET 보다 약간 더 복잡한 소자)

MOSFET is widely used in digital circuits thanks to its low driving power.

MOSFET은 구동 전력이 낮아 디지털 회로에 광범위하게 사용된다.

Exercise 13

다음 빈칸에 주어진 첫 글자로 시작하는 단어를 써넣으시오.

1. Typical a _ _ _ _ _ elements are transistors which can amplify signals.
2. A _ _ _ _ _ _ _ _ _ _ installed on automobiles are used to charge the battery.
3. A _ _ _ _ _ signals are continuous and digital signals are discrete.
4. In computing, b _ _ _ _ _ _ _ _ means the rate of data transfer.
5. Many websites offer the b _ _ _ _ _ _ _ _ internet speed test.
6. Electric c _ _ _ _ _ _ _ _ _ _ is to save energy and it corresponds to the mechanical spring system.
7. The most important function of the d _ _ _ _ is switching.
8. C _ _ _ _ _ _ _ is saving electric energy and d _ _ _ _ _ _ _ _ _ _ is dispensing it.
9. I _ _ _ _ _ _ _ _ _ can be explained as 'a total resistance' depending upon the frequency.
10. I _ _ _ _ _ _ _ _ _ can be understood as mechanical inertia.
11. In a saturated region, transistors do not function anymore as a l _ _ _ _ _ _ element.
12. Electric r _ _ _ _ _ _ _ _ _ corresponds to mechanical friction.
13. At r _ _ _ _ _ _ _ _, impedance becomes minimum.
14. A s _ _ _ _ protector limits electrical spikes and protects electrical devices.
15. V _ _ _ _ _ _ _ difference in electric circuits is similar to pressure difference in a water pipe.

Answers

1. active 2. Alternators 3. Analog 4. bandwidth 5. broadband 6. capacitance 7. diode 8. Charging, discharging 9. Impedance 10. Inductance 11. linear 12. resistance 13. resonance 14. surge 15. Voltage

Science-Technology-Engineering-Mathematics **History**

전기공학의 천재, 테슬라

전기는 인류 최고의 발명으로 꼽힌다. 이제 우리의 일상은 전기 없이는 불가하다. 저녁에 거리와 집을 밝히는 불의 역할, 컴퓨터와 스마트폰이 돌아가게 해주는 에너지, 각종 의료 기계들을 작동시키고, 가정마다 냉장고와 세탁기를 돌려 주는 일꾼이다. 현재 한국의 가정당 평균 전기 사용량은 하루에 12kW 정도라고 한다. 24시간으로 나누면 대부분의 집들은 500W 정도를 쉼 없이 사용하고 있는 것이다. 즉, 50W 전구 10개를 늘 켜놓고 사는 셈이다.

전기는 처음에는 직류만 있었지만, 테슬라(Nikola Tesla, 1856-1943)가 교류를 발명했다. 그는 교류를 사용하여 최초로 모터를 만들어 특허를 얻기도 했다. 동구권 세르비아 출신인 그는 오스트리아에서도 공부하고 파리에서도 일하다가 마침내 미국으로 건너가 에디슨 밑에서 몇 년을 일한 후 독립해 회사를 세웠다. 그는 고전압과 전파에 관한 많은 실험을 하느라 자신의 특허료로 받은 돈을 다 써서 나중에는 빚쟁이 상태였다고 한다.

일반인들은 교류 전기를 잘 이해하지 못한다. 전기는 눈에 보이지 않는 것이어서 전공자들도 그 실체를 느끼기 어렵다. 직류 전기는 물이나 열의 흐름과 유사하게 이해할 수 있지만, 교류로 넘어가면 확연하게 다르다. 교류는 떨어지는 물에서 회전하는 발전기를 사용하여 자연스럽게 얻어지는 전기 형태이다. 그러므로 교류를 사용한다는 말은, 만들어진 그대로를 가공하지 않고 사용한다는 것이다. 당연히 손실이 적다.

그리고 변압기를 사용하여 전압을 바꿀 수 있다. 변압기는 이쪽 전기와 저쪽 전기를 직접 연결하지 않고 허공에서 서로 전압과 전류를 바꾸는 아주 신기한 기계이다. 더욱이 어떤 움직이는 기계적 장치도 그 내부에는 없다. 변압기 사용이 가능하기에 전기를 아주 멀리까지 보낼 수 있다. 저전압-고전류는 약간의 손실을 지불하면 변압기를 통해 고전압-저전류로 교환 가능하다.

변압기는 자동차의 기어박스와 유사한 역할이라고 우선 이해해 두자. 차가 언덕을 오를 때는 기어를 1단이나 2단(저속도-고회전력)으로 두었다가, 평지를 달릴 때는 4단이나 5단(고속도-저회전력)으로 기어를 바꾸는 것과 비슷하다는 말이다. 동일한 에너지 능력(저속도×고회전력=고속도×저회전력)이지만, 용도에 따라 튜닝을 달리하는 것이다. 만약 차가 언덕을 오를 때도 평지만큼 빨리 달려야 한다면, 기어박스로는 해결이 되지 않고 엔진 자체가 용량이 더 커져야 한다.

그러므로 테슬라가 전기에서의 자동차 기어박스에 해당하는 물건(변압기)을 만든 일이 얼마나 대단한 것인지 기억해야 한다. 1960년 세계도량형학회에서는 그의 업적을 기려, 자기장의 단위로 그의 이름 테슬라를 사용하기로 결정했다. 1 tesla(T)는 아주 큰 자기장이어서, 폐차장에서 자동차를 들어 올리는 전자석의 자기력 정도에 해당한다.

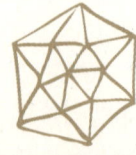

14 건축, 토목
Architecture & Civil Engineering

건축과 토목은 인간의 과학적 능력과 부를 가장 쉽게 과시할 수 있는 매체라 할 수 있다. 돈을 많이 벌면 누구나 가장 먼저 아름다운 집을 짓고 싶어 하고, 권력을 잡은 자는 자신의 치세 동안에 거대한 건축·토목 작품을 남기고 싶어 한다. 건축·토목 용어는 일반 용어를 많이 포함하기에 여기에서는 건축·토목 전문용어만 골라 기초적인 것들 위주로 다루었다. 타 전공자들도 상식적으로 알아 두면 유용할 것이다.

☑ Precheck

- ☐ bid, tender
- ☐ consortium
- ☐ depreciate, depreciation
- ☐ azimuth
- ☐ aggregate
- ☐ seismic, aseismic, aseismatic, antiseismic
- ☐ batch
- ☐ buckling
- ☐ compact, tamp, compacting, tamping
- ☐ drainage
- ☐ dredging
- ☐ abrasion
- ☐ epicenter, hypocenter
- ☐ excavation, excavator
- ☐ freight
- ☐ settlement, subsidence
- ☐ levee
- ☐ life expectancy
- ☐ littoral
- ☐ porosity
- ☐ quarry
- ☐ quay, wharf
- ☐ reclamation
- ☐ scaffold
- ☐ screening
- ☐ cure, curing
- ☐ survey
- ☐ foyer, lobby, entrance hall
- ☐ atrium
- ☐ living room, lounge
- ☐ family room, den
- ☐ parlor, reception room
- ☐ ceiling
- ☐ hearth, fireplace
- ☐ attic
- ☐ basement, cellar
- ☐ pantry
- ☐ bathroom, toilet

bid, tender 입찰; 입찰하다 (요구하는 공사에 예상 소요 금액을 적어 내 다른 회사들과 경쟁하여 공사를 맡아 오는 행위. 자사가 손해 보지 않을 만큼의 높은 금액, 그리고 경쟁사보다는 더 낮은 액수를 써내는 것이 중요하다. 입찰에 성공하면 상세 계약에 들어간다. 입찰은 공사를 위한 경매라고 생각하면 된다.)

'Call for tenders' is a procedure used to invite competing offers from different bidders.
입찰에 부치는 것은 여러 다른 입찰자들로부터 (더 싼 가격을 위해) 경쟁적인 오퍼를 요구하는 과정이다.

---

consortium 컨소시엄, 합작 투자 또는 수주

The three companies formed a consortium to reduce the risk.
위험을 줄이기 위해 그 3개 회사가 컨소시엄을 형성했다.

---

depreciate 가치를 떨어뜨리다　**depreciation** 감가상각 (시설물이 낡아져서 그 자산 가치를 줄이는 것), 화폐가치의 저하

The most tangible properties, except land, are supposed to be depreciated.
토지를 제외한 유형의 재산들은 세월이 지나면 가치가 하락하게 되어 있다.

---

azimuth 방위각 (정북을 제로로 하여 시계방향으로 돌며 측정. 3시 방향은 90도)

The azimuth angle is a horizontally measured angle from the North.
방위각은 북을 기준으로 횡으로 측정된 각도이다.

---

aggregate 골재

Aggregates are granular materials such as sand, gravel or shattered stone.
골재는 모래나 자갈, 분쇄된 돌 같이 알갱이로 된 재료를 말한다.

---

seismic 지진의　**aseismic** 지진이 없는　**aseismatic, antiseismic** 내진의

Seismic magnitude is usually measured with the Richter scale.
지진의 크기는 보통 리히터 스케일로 측정된다.

batch 한 회분(의 재료), 제조 단위 (예를 들어, 빵을 만들 때 큰 그릇에 담긴 전체 반죽이 batch 이다.)

A **batch** of concrete was mixed and poured into each hole.
한 회분의 콘크리트가 혼합되어, 각 구덩이마다 부어졌다.

---

buckling 좌굴 (buckle 찌그러지다, 휘다)

Buckling is a structural instability caused by compressive loads.
좌굴은 압축력에 의해 유발되는 구조적 불안정성이다.

---

compact, tamp 다지다, 다져 넣다   **compacting, tamping** 다지기 (땅이나 콘크리트의 밀도를 높일 목적으로 누르는 것)

Electrically powered tamping machines use air pressure to **compact** aggregates.
전기로 작동하는 다짐기계는 골재를 다지기 위해 공기압력을 사용한다.

---

drainage 배수구

We called a plumber to unclog the **drainage** pipes.
우리는 배수구 막힌 것을 뚫어달라고 배관공에게 전화했다.

---

dredging 준설 (dredge 준설하다)

Dredging is the excavation of the bottom of rivers or of the coastal sea to keep waterways navigable.
준설은 (큰 배가) 항해 가능하도록 수로를 유지하기 위해 강이나 연안 바다의 바닥을 파는 것이다.

---

abrasion 마멸, 마모, 침식 (abrade 마멸시키다, abrasive 연마재)

A cliffed coast is formed by the constant **abrasion** action of waves.
낭떠러지 형태의 해안은 파도의 연속적인 침식작용에 의해 형성된다.

---

epicenter 진앙 (지진 발생점(진원)의 바로 위 지표)   **hypocenter** 진원

The **hypocenter** is the point where an earthquake originates and the **epicenter** is the point on the Earth's surface directly above the **hypocenter**.

진원은 지진이 일어난 바로 그 점이고, 진앙은 진원의 바로 위 지표 상의 점을 말한다.

---

excavation 굴착   **excavator** 굴착기

Poclain is the name of a French company that manufactures **excavators**.

포클레인은 굴착기를 생산하는 한 프랑스 회사의 이름이다.

---

freight 화물

In the USA, the total weight of **freight** trucks are limited to 36 tons or less.

미국에서는 화물 트럭의 총중량을 36톤 이하로 제한하고 있다. (▶ 교량을 보호하기 위함)

---

settlement, subsidence 침하 (건물이나 지반이 자리 잡으며 내려앉거나 꺼짐)

Soil **settlement** and **subsidence** monitoring should be done before construction.

건축 전에 땅의 침하를 모니터링해야 한다.

---

levee 제방, 둑

Levee failures during Hurricane Katrina in 2005 caused a big flooding in New Orleans.

뉴올리언스에서 2005년 허리케인 카트리나에 의한 제방의 붕괴는 큰 홍수를 초래했다.

---

life expectancy (시설물이나 동물의) 수명

The **life expectancy** of modern tall apartments in concrete may be less than 100 years.

콘크리트로 만든 현대 고층 아파트의 수명은 100년이 안 될 것이다.

---

littoral 연안의

Mediterranean **littoral** highways connect Italy to France and Spain.

지중해 고속도로는 이탈리아와 프랑스, 스페인을 잇는다.

---

porosity 공극률 (암석 내부의 빈틈이 차지하는 비율)

Mixed aggregates with different sized granules have lower porosity than ones with similar sized granules.

다른 크기의 알갱이들로 혼합된 골재가 비슷한 크기의 알갱이들이 섞인 골재보다 공극률이 작다 (더 조밀하다).

---

quarry 채석장

Quarries are open pit mines for extracting building materials.

채석장은 건축 재료를 얻기 위한 노천 광산이다. (▶ open pit mine 노천광)

---

quay, wharf 선착장, 부두

A quay is a prepared zone on the shore where ships can dock to load or unload freight or passengers.

선착장은 배가 정박하여 짐이나 승객을 싣고 내릴 수 있도록 해안에 조성된 구역이다.

---

reclamation 개간, 매립, 간척

The Netherlands have obtained 7000km^2 of land by reclamation since the late 16th century.

네덜란드는 16세기말부터 개간에 의해 7천 제곱킬로미터의 땅을 얻었다.

---

scaffold 비계, 발판 (고층 건물을 지을 때 인부들이 재료를 위로 나를 수 있도록 건물 옆에 만든 조립식 구조물)

Scaffolds are modular structures using metal tubes or bamboo.

비계는 조립형 구조물로, 금속관이나 대나무를 사용하여 만든다.

---

screening 체로 치기, 가려냄 (벌레를 막는 방충망 같은 것)

Screening is to select or to refuse some material separated by a screen.

스크리닝은 체로 분리하여 어떤 재료를 고르거나 버리려는 것이다.

cure 양생하다 **curing** 양생 (콘크리트나 시멘트가 충분한 강도를 가지도록 굳히기)

The minimum curing period of concrete is usually 7 days for ambient temperatures above 5℃.

콘크리트의 양생 기간은 대개 주위 온도 섭씨 5도 이상에서 최소 7일이다.

---

survey 측량; 측량하다

An aerial survey is a method of obtaining data by aerial photography.

항공측량은 비행기 촬영을 통해 데이터를 얻는 방법이다.

---

foyer, lobby, entrance hall 현관, 로비

The foyer at the Opera House of Paris is very famous for its luxurious decoration.

파리 오페라하우스의 현관 로비는 화려한 장식으로 유명하다.

---

atrium 아트리움, 중앙 홀, 안마당

An atrium is a big central open space in a big building helping ventilation and fire control.

아트리움은 큰 건물의 열린 중앙 홀인데, 환기와 화재 진압을 도와준다.

---

living room, lounge 거실, 라운지 (lounge는 보통 공항의 대합실, 호텔의 휴게실을 말한다.)

Hotel rooms with a living room are called suites.

거실이 딸린 호텔 방을 스위트라고 부른다.

---

family room, den 가족 공동 방, 거실 (미국식 큰 집에 있는 living room과는 별도의 공간)

In the USA, a den is usually used as the family library or the study room.

미국에서 den은 대부분 가족 도서실이나 공부방으로 사용된다.

---

parlor, reception room 응접실 (공공기관 같은 큰 건물에 있는)

The word 'parlor' comes from the French word *parler* (to speak).

A parlor is the place to meet and talk between visitors and residents of the building.
단어 parlor는 불어의 parler (말하다)라는 단어에서 왔다. 대형 건물의 응접실은 건물 거주자와 손님이 만나서 이야기하는 장소이다.

`ceiling` 천장

In auditoriums accommodating many people, the ceiling should be high enough.
사람들을 많이 수용하는 강당은 천장이 충분히 높아야 한다. (▶ 충분한 산소 보유를 위해서)

`hearth, fireplace` 벽난로

A hearth in the living room is the center of the house for dining and for chatting around.
거실의 벽난로는 그 주위에서 환담하고 식사하는 가정의 중심 장소이다.

`attic` 다락방

Attics are very useful space for storage and energy saving.
다락방은 물품 저장이나 에너지 절약을 위해 유용한 공간이다. (▶ 지붕으로 빠져나가거나 들어오는 열을 막아 준다.)

`basement` 지하실   `cellar` 지하 저장고

French people use the basement as a wine cellar.
프랑스 사람들은 지하실을 포도주 저장고로 사용한다.

`pantry` 식품 저장실, 식품 저장용 서랍장

After refrigerators are used, pantries are usually used for dishes, not for food.
냉장고가 사용된 다음부터 pantry는 음식 저장보다 그릇 보관용에 주로 사용된다.

`bathroom` 욕실   `toilet` 화장실 (유럽은 욕실과 화장실이 분리된 곳이 많다.)

Many European styled bathrooms are separated from toilets.
많은 유럽식 욕실은 화장실과 분리되어 있다.

Exercise 14

다음 빈칸에 주어진 첫 글자로 시작하는 단어를 써넣으시오.

1. A cliffed coast is formed by the constant a _ _ _ _ _ _ _ action of waves.
2. A _ _ _ _ _ _ _ _ _ are granular materials such as sand, gravel or shattered stone.
3. The a _ _ _ _ _ _ _ angle is a horizontally measured angle from the North.
4. A b _ _ _ _ of concrete was mixed and poured into each hole.
5. B _ _ _ _ _ _ _ is a structural instability caused by compressive loads.
6. French people use the basement as a wine c _ _ _ _ _ _.
7. The three companies formed a c _ _ _ _ _ _ _ _ _ to reduce the risk.
8. The most tangible properties, except land, are supposed to be d _ _ _ _ _ _ _ _ _ _.
9. We called a plumber to unclog the d _ _ _ _ _ _ _ pipes.
10. Poclain is the name of a French company that manufactures e _ _ _ _ _ _ _ _.
11. In the USA, the total weight of f _ _ _ _ _ _ _ trucks are limited to 36 tons or less.
12. Mediterranean l _ _ _ _ _ _ _ _ highways connect Italy to France and Spain.
13. Q _ _ _ _ _ _ _ _ are open pit mines for extracting building materials.
14. S _ _ _ _ _ _ _ _ are modular structures using metal tubes or bamboo.
15. S _ _ _ _ _ _ _ magnitude is usually measured with the Richter scale.

Answers

1. abrasion 2. Aggregates 3. azimuth 4. batch 5. Buckling 6. cellar 7. consortium 8. depreciated 9. drainage 10. excavators 11. freight 12. littoral 13. Quarries 14. Scaffolds 15. Seismic

Science-Technology-Engineering-Mathematics History

건축물들의 키재기 대회

사람들은 높은 건축물을 지어 자신의 힘과 능력을 자랑하고 싶어 한다. 그 옛날에 거의 150미터 높이에 이르는 피라미드를 건설한 이집트의 왕들을 봐도 알 수 있다. 세계에서 가장 높은 빌딩은 어디에 있는 무엇일까? 역사를 거슬러 올라가면 1889년에 건설된 높이 324미터에 달하는 파리의 Eiffel 탑이 한때 가장 높은 건축물이었다. 철골구조를 삼각형 형태를 조립하여 고층건축물을 만들 수 있는 가능성을 증명한 작품이다.

그러다가 1930년 뉴욕에 Chrysler 빌딩이 (높이 319미터) 건설되고 그 다음 해인 1931년 높이 381미터의 Empire State 빌딩이 들어서면서 한동안 뉴욕이 세계 최고 키다리였다. 최근 들어 1973년 시카고에 세워진 높이 442미터의 Sears Tower (지금은 Willis Tower로 이름이 바뀌었다.)에게 그 자리를 내줬다.

2000년대에 들어와서는 아시아에 키다리 빌딩들이 즐비하게 들어섰다. 쿠알라룸푸르, 타이페이, 상하이, 홍콩에 높이 500미터를 넘나드는 빌딩들이 생기더니, 2010년 초에 두바이에는 무려 828미터 높이의 부르즈 칼리파(Burj Khalifa)라는 빌딩이 들어서 개장식을 올렸다. 높이가 높아도 너무 높아서 필자도 자료를 확인하면서 숫자가 맞는지 몇 번 확인했다.

그러면 만약 철근 콘크리트로 속을 꽉 채운 채, 피라미드 형태가 아니고 그냥 수직으로만 올린다면 얼마나 쌓을 수 있을까? 너무 높이 올라가면 밑부분이 자중에 의해 붕괴될 것이다. 자중만을 고려해서 간단히 계산해 보자. 철근 콘크리트는 비중이 2.5정도 된다고 한다. 즉, 1미터 입방체의 무게가 2.5톤(25kN)이라는 이야기이다. 콘크리트가 압축력에 붕괴하는 응력은 400MPa 정도다. 개선된 최신 기술로는 600MPa까지도 문제없다고 하지만, 보수적으로 400MPa를 선택하자. 기둥의 아래 면적은 가로-세로 1미터인 정방형이고 그 위로 기둥이 올라간다면, 맨 아랫면의 철근 콘크리트는 높이 1킬로미터 당 25MPa의 응력을 받게 된다. (단면적을 키우면 무게가 증가하기 때문에 응력은 동일하다.) 그래서 지진이나 바람의 영향이 없다면, 이론적 최고 높이는 16킬로미터(=400/25)가 나온다. 거의 에베레스트 2배의 높이다. 현재 대형 여객기들이 약 10킬로미터 높이로 날아다니니까, 한참 아래로 다니는 점보기들이 점처럼 작게 보일 지경이다.

현재는 세계에서 가장 높은 빌딩이 거의 1킬로미터까지 올라갔다. 아마도 더 이상의 건축물 높이는 기술적 과시를 제외한다면 경제적 이익은 없어 보인다. 사고 시 대피 문제, 일조권 등 주변 환경 문제, 에너지 문제 등으로 유지 보수가 어렵기 때문이다. 정치적 목적으로 1킬로미터가 약간 넘는 빌딩이 탄생할 가능성은 있다. 이 경우 아래 20층 정도는 건물의 안정성을 위해 훨씬 넓은 폭을 가지는 구조를 가지며 백화점이 들어서고, 그 위로는 빌딩이 급격하게 날씬해져 사무실과 호텔이 들어서지 않을까 추측해 본다. 세계에서 가장 높은 50위까지의 건물은 현재 아시아권에 압도적으로 많다.

15 자동차
Automobiles

최초의 자동차는 1770년 경 프랑스의 퀴뇨(Cugnot)가 만든 증기 자동차로 인정되지만, 현재 사용되는 자동차 엔진, 즉 가솔린기관과 디젤기관은 독일에서 시작되었다. 그 다음 자동차 산업이 꽃핀 곳은 미국이다. 20세기 초 그 유명한 포드의 Model T가 탄생, 양산되었다. 지금은 세계적으로 매해 5천만 대가 넘는 자동차가 생산된다. 여기에서는 자동차 부품에 관한 기초 어휘들과 유학이나 여행을 위해서라도 꼭 알아 두어야 할 자동차보험 관련 용어들을 소개한다.

☑ Precheck

- ☐ automobile, motor vehicle, car
- ☐ engine, motor
- ☐ internal combustion engine, external combustion engine
- ☐ hood, bonnet
- ☐ windshield
- ☐ piston
- ☐ crankshaft
- ☐ connecting rod
- ☐ cam
- ☐ sedan
- ☐ station wagon
- ☐ convertible
- ☐ traffic jam, traffic congestion
- ☐ commuting
- ☐ body shop
- ☐ crash, collision, accident
- ☐ carpool, carpooling, car sharing
- ☐ trade-off, trade-in
- ☐ auto insurance, vehicle insurance, car insurance
- ☐ insurance premium
- ☐ policy number
- ☐ insurer, policy holder
- ☐ liability coverage
- ☐ full coverage, comprehensive policy
- ☐ bodily injury
- ☐ property damage
- ☐ deductible
- ☐ Acts of God
- ☐ self-driving car

automobile, motor vehicle, car 자동차
In 2012, more than 60 million passenger cars were manufactured.
2012년에 6천만 대 이상의 승용차가 생산되었다.

---

engine, motor 원동기, 엔진, 모터 (motor는 주로 전기모터를 말하며 일반 자동차는 engine을 사용한다.)
The engine power of decent sized passenger cars is between 100 and 200 hp.
적당한 보통 크기의 승용차 엔진의 파워는 100에서 200마력 사이이다.

---

internal combustion engine 내연기관
external combustion engine 외연기관
Typical internal combustion engines are gasoline engines and diesel engines.
대표적인 내연기관은 가솔린엔진과 디젤엔진이다.

---

hood, bonnet 후드, 보닛 (자동차 앞의 엔진 덮개로, 미국에서는 hood, 영국에서는 bonnet이라고 한다.)
Some special cars have storage space under the hood and the engine is in the back.
어떤 특별한 차들은 후드 아래가 트렁크이고 엔진은 뒤에 있다.

---

windshield 앞 유리
The windshield is quite susceptible to having a crack caused by small flying stones.
앞창 유리는 날아온 작은 돌에 맞아 금이 가기 쉽다.

---

piston 피스톤
A piston is an engine component making a reciprocating motion by combustion gas pressure.

피스톤은 연소 가스의 압력에 의해 왕복운동을 하는 엔진 부품이다.

---

crankshaft 크랭크축

The crankshaft is a long bent shaft rotating in the engine.

크랭크축은 엔진 내에서 회전하는 긴 구부러진 축이다.

---

connecting rod 커넥팅 로드, (내연기관의) 연접봉, 연결봉

The connecting rods link between the pistons and the crankshaft to change reciprocating motion to rotation.

커넥팅 로드는 피스톤과 크랭크축을 이으며 직선운동을 회전으로 바꿔 준다.

---

cam 캠 (실린더의 밸브 개폐를 위해 회전운동을 직선운동으로 바꿔 주는 부품)

A cam is an eccentric disc type component that transforms a rotational motion to a linear one.

캠은 회전운동을 직선운동으로 바꿔 주는 편심된 판 형태의 부품이다.

---

sedan 세단 (전형적인 승용차. 낮은 앞부분, 높은 승객 부분, 낮은 뒷부분으로 구성되는 보통 승용차)

Typical formal passenger cars are called sedans which have a three-box configuration.

전형적이고 격식 있는 승용차를 세단이라고 부르는데, 세 개의 박스로 이루어진 형태를 가진다.

---

station wagon 스테이션왜건 (뒤 트렁크 부분이 승객 좌석 부분과 같은 높이로 만들어진 승용차)

A station wagon has a much bigger trunk compartment than that of sedans.

스테이션왜건은 트렁크 부분이 세단보다 훨씬 크다.

---

convertible 컨버터블, 오픈카

While driving a convertible, unfolding the roof at high speed is very dangerous.

오픈카를 운전할 때 고속에서 지붕을 펴면 굉장히 위험하다.

traffic jam, traffic congestion 교통 정체

Many drivers spend more than one hour every day in traffic congestion.

많은 운전자들이 교통 정체로 하루에 한 시간 이상을 허비한다.

---

commuting 출퇴근

Urban sprawl pushes the commuting distance farther and farther.

도시 팽창은 출퇴근 거리를 더 멀게 만든다. (▶ sprawl: 도시가 불규칙하게 커지는 현상. 원뜻은 대자로 누워 팔다리를 쭉 뻗는 것을 말함)

---

body shop 차체 수리소, 카센터

He asked for a price estimation to a body shop to fix a big dent in his car.

그는 차의 움푹 들어간 곳을 수리하기 위해 차체 수리 센터에 견적을 요청했다.

---

crash, collision 충돌   accident 사고 (crash, collision은 둘 다 '충돌'인데, crash 가 더 구어적이다. collision의 동사형은 collide)

The three-point seat belt was firstly outfitted in Volvo passenger cars and seriously reduced injuries caused by collision.

(현재 모든 승용차에 달린) 삼점식 안전벨트는 볼보 승용차에 처음으로 장착되었는데, 충돌에 의한 부상을 현저히 줄여 주었다.

---

carpool 카풀을 하다   carpooling 카풀 (출퇴근 합승)
car sharing 카셰어링 (승용차 함께 타기)

Recently, the internet has been used to arrange carpooling more efficiently.

최근에, 더욱 효율적으로 카풀을 조직하는 데 인터넷이 이용되고 있다.

---

trade-off, trade-in (자동차) 되팔고 사기 (자동차를 서로 동일하게 바꾸는 것은 trade-off, 헌 차를 주고 웃돈을 얹어서 새 차를 사는 것은 trade-in)

I am waiting for a trade-in. That's why I do not want to sell my car

right now.
난 헌 차를 주고 새 차를 살 때를 기다리고 있어. 그래서 내 차를 지금 안 팔고 싶어.

---

auto insurance, vehicle insurance, car insurance 자동차보험

In many countries, buying **auto insurance** for drivers is mandatory.
많은 나라에서, 운전자들은 의무적으로 자동차보험에 들어야 한다.

---

insurance premium 보험료 (매달 지불하는)

After the accident, my **insurance premium** doubled!
그 사고 후에, 내 보험료가 두 배로 올랐어!

---

policy number 보험 가입자 회원 번호 (사고 후, 전화하면 불러 달라고 요구한다.)

You can find your **policy number** on your insurance card.
보험증권에 보험 가입자에게 부여된 회원 번호가 적혀 있다.

---

insurer 보험회사   **policy holder** 보험 가입자

Policy holders should pay insurance premium to their **insurer**.
보험 가입자들은 보험회사에 보험료를 내야 한다.

---

liability coverage 책임 보상 범위

If you want to lease a car, they will ask for a full **liability coverage** insurance.
차를 장기 임대하려면, 임대 회사가 최고 배상책임보험을 요구할 거야.

---

full coverage, comprehensive policy 종합 보험 (대인, 대물, 자차 등 전부를 보상하는 보험)

If your car is very old, you do not need to buy a **full coverage** insurance.
아주 오래된 차라면, 굳이 종합 보험에 들 필요는 없어.

159

bodily injury 대인 상해

The minimum coverage limit of bodily injury should be more than $100,000.

대인 상해 보상 하한가가 십만 달러는 넘어야 한다.

---

property damage 대물 피해

Property damage includes the destruction of public properties, like electric poles.

대물 피해는 전봇대 같은 공공자산의 파괴를 포함한다.

---

deductible 본인 부담금 (보험으로 처리해도 본인이 내야 하는 최소 금액)

If your deductible is similar to the amount of damage, you'd better pay for it yourself.

보험으로 처리해서 본인 부담금이 피해액과 비슷하다면, (보험으로 처리하지 말고) 그냥 본인이 다 부담하는 편이 낫다.

Acts of God 천재지변

My policy covers several Acts of God like an earthquake, but not flooding.

내 보험 상품은 지진 같은 몇 개의 천재지변은 보상해 주는데, 홍수 피해는 아니야.

---

self-driving car 자율주행차, 무인자동차 (autonomous car, driverless car라고도 한다.)

The first road test of a self-driving car in a typical urban area has been performed in Pittsburgh, August 2016.

전형적인 도시 지역에서의 자율주행차 시험은 2016년 8월 (미국) 피츠버그에서 처음으로 시행되었다.

Exercise 15

다음 빈칸에 주어진 첫 글자로 시작하는 단어를 써넣으시오.

1. He asked for a price estimation to a b _ _ _ shop to fix a big dent in his car.
2. A c _ _ is a component that transforms a rotational motion to a linear one.
3. The internet has been used to arrange c _ _ _ _ _ _ _ _ _ more efficiently.
4. The three-point seat belt was firstly outfitted in Volvo passenger cars and seriously reduced injuries caused by c _ _ _ _ _ _ _ _.
5. Urban sprawl pushes the c _ _ _ _ _ _ _ _ distance farther and farther.
6. Many drivers spend more than one hour every day in traffic c _ _ _ _ _ _ _ _ _.
7. The c _ _ _ _ _ _ _ _ _ is a long bent shaft rotating in the engine.
8. If your d _ _ _ _ _ _ _ _ _ is similar to the amount of damage, you'd better pay for it yourself.
9. Some special cars have storage space under the h _ _ _ (or b _ _ _ _ _) and the engine is in the back.
10. The minimum coverage limit of bodily i _ _ _ _ _ should be more than $100,000.
11. Policy holders should pay insurance premium to their i _ _ _ _ _ _ _.
12. A p _ _ _ _ _ is an engine component making a reciprocating motion by combustion gas pressure.
13. After the accident, my insurance p _ _ _ _ _ _ _ doubled!
14. Typical formal passenger cars are called s _ _ _ _ _ which have a three-box configuration.
15. The w _ _ _ _ _ _ _ _ _ is quite susceptible to having a crack caused by small flying stones.

Answers

1. body   2. cam   3. carpooling   4. collision   5. commuting   6. congestion   7. crankshaft
8. deductible   9. hood, bonnet   10. injury   11. insurer   12. piston   13. premium   14. sedans
15. windshield

Science-Technology-Engineering-Mathematics **History**

타이어의 역사

부드러움이 오히려 더 강함을 보여주는 가장 전형적인 발명품이 자동차 타이어(tire, tyre)가 아닐까? 자체 무게만도 엄청난 대용량 트럭들이 짐까지 가득 싣고는, 겨우 공기만 집어넣은 고무바퀴에 의존하여 고속도로를 쌩쌩 달리니 말이다. 아무리 비싼 고급차도 타이어가 없으면 고철에 불과하다.

이런 타이어는 누가 발명했을까? 스코틀랜드의 던롭(John Boyd Dunlop, 1840-1921)이라는 사람이 1887년에 처음 개발했다고 한다. 그의 직업은 수의사인데, 세발자전거를 타고 노는 아들을 보며, 딱딱한 바퀴가 진동도 많고 속도도 쉽게 안 나는 것을 보고 바퀴에 고무를 붙이고 그 사이에 바람을 집어넣어 타이어를 완성했다. 그 후 그는 아이디어를 실체화하여 고무 공장을 만들고 사업가로 나선다. 비슷한 시기에 프랑스의 미슐랭(Michelin) 형제도 쉽게 갈아 끼울 수 있는 타이어를 만들어 특허를 받았다(1891). 그런데 프랑스가 그 후 천연고무 원료가 풍부한 베트남을 식민지로 가지면서 미슐랭은 사업을 아주 크게 키울 수 있었다고 한다.

1930년대에는 화학공업의 선도자인 미국의 듀폰(Dupont)사가 합성고무를 개발하면서 타이어의 대량생산이 훨씬 쉬워졌고, 1950년대부터는 내부에 튜브가 없는 일체형 타이어가 개발되었다. 우리가 속옷을 입고 그 위에 겉옷을 입듯이, 옛날에는 타이어 내부에 속옷 같은 튜브가 하나 더 있었다. 그래서 바깥의 두꺼운 고무 안에 있는 풍선 같은 튜브를 불려서 사용하는 '2벌식' 타이어를 사용했다. 하지만 지금은 기술이 개발되어 타이어가 속옷을 벗고 겉옷만 입는 1벌식 타이어가 되었다. 요즈음은 공기 대신 얼기설기한 재료를 내부에 채우거나 하여, 아예 펑크(flat tire)가 없는 타이어를 개발 중에 있다. 자동차 산업에서 타이어가 차지하는 비중은 의외로 크며, 우리나라도 초기에 타이어 산업과 보조를 잘 맞추었기에 자동차 산업이 쉽게 자리 잡을 수 있지 않았을까 생각한다. 물론 철강 산업도 자동차 산업을 많이 도왔을 것이다.

16 비행기
Airplanes

인간은 날개 대신 사지를 가지고 있어 땅에서 사는 동물이다. 그런데 비행기가 발명된 후에는 마치 새처럼 산다. 대단한 일이다. 현재 여객기들은 대체로 1만 미터 상공을 날아다니며, 비행 속도는 음속보다 약간 낮은 시속 9백 킬로미터 정도이다. 수백 명의 승객과 그들의 엄청난 짐을 싣고 거의 지구 반대편까지 곧장 가는 비행기는, 아마도 인간이 만든 최고의 작품이 아닐까 싶다. 여기에서는 항공 관련 공학 용어들을 설명한 후 항공여행 관련 단어들도 소개한다.

☑ Precheck

- ☐ aviation, flight
- ☐ aircraft, spacecraft
- ☐ aeronautical, astronautical
- ☐ aerodynamics, fluid dynamics
- ☐ wind tunnel test
- ☐ propulsion
- ☐ fixed wings, rotating wings
- ☐ lift
- ☐ drag
- ☐ airfoil, camber
- ☐ supersonic, subsonic
- ☐ angle of attack
- ☐ acoustics
- ☐ flap
- ☐ rudder
- ☐ fuselage
- ☐ cockpit
- ☐ avionics
- ☐ canopy
- ☐ cruise
- ☐ air cargo
- ☐ maneuver
- ☐ maiden flight
- ☐ stealth
- ☐ domestic, international
- ☐ departure, arrival
- ☐ transit, stopover
- ☐ no-show, go-show
- ☐ embarkation, disembarkation
- ☐ destination
- ☐ aisle seat, window seat
- ☐ crew
- ☐ takeoff, take off
- ☐ landing
- ☐ taxiing

aviation, flight 비행
The most famous first flight in history was performed by the Wright brothers in 1903.
역사상 가장 유명한 첫 비행은 1903년 라이트 형제에 의해 행해졌다.

---

aircraft 항공기　spacecraft 우주선 (비행기는 기계를 뜻하는 기(機)라고 하면서 우주선은 배를 말하는 선(船)으로 번역된 이유가 궁금하다.)
A flying object will be recognized as a spacecraft when it reaches an altitude of 100km.
비행체가 고도 100km에 달하면, 우주선으로 인정된다.

---

aeronautical 항공의　astronautical 우주비행의
Astronautical hygiene is a research field studying risks to health while working in low-gravity environments.
우주항공 위생은 저중력 환경에서 일하는 동안 (노출되는) 건강상의 위험을 연구하는 분야이다.

---

aerodynamics 공기역학　fluid dynamics 유체역학 (=fluid mechanics)
The design of an airplane wing is one of the most popular studies in aerodynamics.
비행기의 날개를 디자인하는 것은 공기역학의 한 인기 분야이다.

---

wind tunnel test 풍동 실험 (비행 시의 공기저항이나 양력을 측정하기 위한 실험)
In wind tunnel tests, a mockup of aircraft is fixed and wind is blown by fans.
풍동 실험에서는 (실제 비행과 반대로) 모형 비행체는 고정되고 팬으로 바람을 불게 한다.

---

propulsion 추진, 추진력 (=thrust)
Supersonic speed of a manned aircraft was achieved by jet propulsion system in 1947.
유인 항공기에 의한 초음속은 1947년, 제트 추진 장치에 의해 달성되었다.

fixed wings 고정익   **rotating wings** 회전익 (헬리콥터)

An aircraft with rotating wings does not need a runway.

회전익 비행기는 활주로가 필요 없다.

---

lift 양력 (비행기가 부양되도록 끌어올리는 힘)

The aircraft wing shape is designed to generate more lift and less drag force.

항공기 날개의 형태는 더 큰 양력과 더 작은 저항력을 생성하도록 설계되었다.

---

drag 공기 저항력 (=air resistance)

Drag force is proportional to the square of speed.

공기 저항력은 속도의 제곱에 비례한다.

---

airfoil, camber 항공기 날개 (camber는 형태가 구부러진 것을 말함)

A typical subsonic airfoil has asymmetric shape from the leading part to the trailing part.

전형적인 아음속 항공기의 날개 형태는 머리와 꼬리 부분이 비대칭이다.

---

supersonic 초음속   **subsonic** 아음속의 (음속은 지상에서는 약 1200km/h (=340m/s), 10킬로미터 상공에서는 약 1000km/h)

A supersonic aircraft's airfoil shape is quite different from a subsonic one.

초음속 비행기의 날개 형태와 아음속 비행기의 날개 형태는 상당히 다르다.

---

angle of attack 받음각 (날개가 공기와 부딪히는 각. 10도에서 15도 정도이다.)

When the angle of attack increases from zero, drag and lift force increase simultaneously up to a certain angle.

받음각을 제로에서 차차 증가시키면, 어떤 각도까지는 항력과 양력이 둘 다 증가한다. (▶ 각도가 더 커지면, 양력은 줄지만 항력은 크게 증가한다.)

---

acoustics 음향학

Acoustics is a research field dealing with sound waves.
음향학은 소리의 파동을 연구하는 분야이다.

`flap` 플랩 (착륙 시에 펼쳐져 항공기 속도를 줄여 주는 날개 뒷부분)
Flaps are the rotating parts at the trailing part of the fixed wings on the aircraft that control the speed of landing.
플랩은 고정익 비행기의 날개 뒷부분에 붙어 회전하는 부분으로 착륙 시 속도를 컨트롤해 준다.

`rudder` (항공기의) 방향타, (배의) 키 (좌우 방향을 잡아 준다.)
A normal aircraft **rudder** is a vertical slab attached to the tail wing.
항공기의 일반적인 방향타는 주로 꼬리날개에 붙은 수직 판이다.

`fuselage` 항공기 동체, 기체
Fuselage is the main body of aircraft accommodating passengers and cargo.
동체는 항공기의 본체로 승객과 화물을 싣는 부분이다.

`cockpit` 조종실
The drooping nose of the Concorde aircraft widened the pilot's view from the **cockpit** while landing.
콩코드 비행기의 수그러지는 코 부분은 착륙 시에 조종실에서의 조종사의 시야를 넓혀 주었다.

`avionics` 항공 전자 (장치) (항공기 가격은 기체, 엔진, 전자 장비가 대략 1/3 씩이라고 한다.)
Avionics is the electronic system on an aircraft to help navigation and communication.
항공 전자 장치는 항공기의 비행과 교신을 도와주는 전자장비 시스템이다.

`canopy` 캐노피 (전투기 조종실을 씌운 유리 덮개)
The **canopy** should be ejected when pilots try to escape from their aircraft in the air.
조종사들이 공중에서 비행기로부터 탈출하려고 할 때 캐노피가 튕겨져 나가야 한다.

cruise 순항하다 (항공기가 고도를 높이거나 낮추지 않고 수평으로 가는 상태. '유람선 여행'을 뜻하기도 한다.)

Cruising at a higher altitude is more efficient for fuel economy.
더 높은 고도에서의 순항이 연료 절감에 효율적이다.

---

air cargo 화물기

FedEx Express is the biggest **air cargo** company now.
페덱스 익스프레스는 현재 가장 큰 화물기 운송 회사이다.

---

maneuver 조종하다; (기계) 조작, 조종(법) (나쁜 술수를 쓴다는 뜻으로도 쓰임)

To **maneuver** this machine properly, you should look up the manual.
이 기계를 제대로 다루려면 매뉴얼을 봐야 합니다.

---

maiden flight 처녀비행

A380 aircraft, the world's largest passenger airliner, carried out the **maiden flight** in 2005.
세계에서 가장 큰 여객기인 A380은 2005년에 처녀비행을 했다.

---

stealth 스텔스 (레이더에 잡히지 않게 비행기를 제작하는 것이나 그 기능. 원래 '몰래 함', '잠행'의 뜻이다.)

One of the design points for **stealth** aircraft is to minimize the thermal emission from the thrust.
스텔스기 설계의 한 중요 부분으로는 추진 부분에서 열 배출을 최소화하는 것이다.

---

domestic 국내선의   **international** 국제선의

Kimpo airport is now mainly dedicated to **domestic** traveling.
김포공항은 현재 주로 국내 여행에 사용된다.

---

departure 출발   **arrival** 도착

Arrival time is given at the local time of the destination.

도착 시간은 도착지 기준 현지 시간으로 말한다.

---

transit 통과, 환승　**stopover** 단기 체류 (24시간 이상 머무르며 경유하는 경우)

After having missed our transit airplane, we stopped over for one night.

갈아타야 할 비행기를 놓쳐서 거기서 하룻밤을 잤다.

---

no-show 노쇼 (예약 승객이 오지 않음)　**go-show** 고쇼 (예약 없이 탑승하려고 옴)

Go-show sometimes works, if there are any no-show passengers.

예약 승객이 안 나타나는 경우, 예약 없이 공항에 바로 가서 비행기를 탈 수도 있다.

---

embarkation 탑승 (출국)　**disembarkation** 비행기에서 내림 (입국)

They said that embarkation is immediate! Hurry up!

지금 바로 탑승한대! 서둘러!

---

destination 목적지

In the disembarkation card, the final destination should be written down.

입국 카드에 최종 목적지를 쓰도록 되어 있다.

---

aisle seat 통로 쪽 좌석　**window seat** 창가 좌석

Aisle seats are much better than window seats for moving around.

왔다 갔다 하려면 통로 쪽 좌석이 창문가 좌석보다 훨씬 좋다. (▶aisle에서 s는 묵음)

---

crew 승무원 (cockpit crew인 pilot과 cabin crew인 steward, stewardess가 있다.)

After 9/11, it has been seriously considered to let the cabin crew be armed.

9/11 사태 후, 객실 승무원들에게 총기를 지급하는 것이 진지하게 검토되었다.

---

takeoff 이륙　**take off** 이륙하다

Helicopters can take off vertically.
헬리콥터는 수직으로 이륙할 수 있다.

`landing` 착륙

When an aircraft returns on water it is also called 'landing', but 'splashdown' is a more correct word.
항공기가 물에 앉아도 착륙이라고 하지만, 착수가 더 정확한 말이다.

`taxiing` (항공기의) 지상 주행

During taxiing, all the passengers are required to put on their seat belts.
육상을 주행하는 동안에 모든 탑승객들은 안전벨트를 매야 한다.

Exercise 16

다음 빈칸에 주어진 첫 글자로 시작하는 단어를 써넣으시오.

1 A _ _ _ _ _ _ _ _ is a research field dealing with sound waves.

2 A typical subsonic a _ _ _ _ _ _ has asymmetric shape from the leading part to the tailing part.

3 A _ _ _ _ seats are much better than window seats for moving around.

4 After 9/11, it has been seriously considered to let the cabin c _ _ _ be armed.

5 C _ _ _ _ _ _ _ at a higher altitude is more efficient for fuel economy.

6 D _ _ _ force is proportional to the square of speed.

7 The most famous first f _ _ _ _ _ in history was performed by the Wright brothers in 1903.

8 F _ _ _ _ _ _ _ is the main body of aircraft accommodating passengers and cargo.

9 The aircraft wing shape is designed to generate more l _ _ _ and less drag force.

10 A380 aircraft carried out the m _ _ _ _ _ flight in 2005.

11 To m _ _ _ _ _ _ _ this machine properly, you should look up the manual.

12 Supersonic speed of a manned aircraft was achieved by jet p _ _ _ _ _ _ _ _ in 1947.

13 A normal aircraft r _ _ _ _ _ _ is a vertical slab attached to the tail wing.

14 Helicopters can t _ _ _ off vertically.

15 During t _ _ _ _ _ _, all the passengers are required to put on their seat belts.

Answers

1. Acoustics 2. airfoil 3. Aisle 4. crew 5. Cruising 6. Drag 7. flight 8. Fugelage 9. lift
10. maiden 11. maneuver 12. propulsion 13. rudder 14. take 15. taxiing

대서양 횡단비행의 영웅, 린드버그

첫 동력비행은 1903년 겨울, 라이트 형제(Wilbur and Orville Wright)가 미국 노스캐롤라이나 해변에서 겨우 50미터도 채 안 되는 거리를 비행한 것이다. 1913년에는 프랑스의 조종사 롤랑 가로스(Roland Garros, 1888-1918)가 프랑스 남부에서 튀니지로, 지중해를 넘어가는 논스톱 비행에 성공했다. (지금은 그의 이름이 공항과 프랑스오픈테니스선수권대회 이름이 되었다.) 그러다가 제1차 세계대전을 치르면서 비행기는 주로 군용으로 개발되었다.

제1차 세계대전이 끝난 1920년대부터 본격적으로 장거리 비행 시도가 있었다. 대서양을 논스톱으로 횡단하는 비행사에게는 2만5천 달러의 상금이 걸리기도 했다. 많은 시도가 있었지만, 1927년 프랑스의 넝제세르(Nungesser)와 콜리(Coli)라는 두 비행사에 의한 파리에서 뉴욕으로의 비행이 유명하다. 이들은 도중에 실종되어 영원히 돌아오지 못했다.

그즈음 미국의 린드버그(Charles Lindbergh, 1902-1974)도 뉴욕 롱아일랜드에서 파리로 가는 비행을 시도했다. 그의 비행기 이름은 Spirit of Saint Louis인데, 지금도 미국인들이 불가능한 일에 도전하여 결국 이루어 내는 정신을 이렇게 표현하곤 한다. 그의 비행기는 무게중심 부위에 연료를 최대한 채우느라 조정석이 연료통에 가려 조종사가 직접 전방을 볼 수 없었다. 하지만 그는 마치 시각 장애인용인 것 같은 이 비행기를 조종하여 1927년 5월 20일과 21일, 약 33시간에 걸쳐 대서양을 논스톱으로 횡단하여 파리 르부르제 공항에 무사히 착륙한다. 린드버그가 도착하던 때는 토요일 밤 10시경이었는데, 미리 그의 예정 도착 시각을 알게 된 프랑스 당국은 자동차 소유자들에게 공항에 나와 헤드라이트를 일제히 켜서 어두운 활주로를 밝혀 달라고 주문하였으며, 그날 밤 공항은 인산인해였다고 한다.

무명의 공군 예비역 장교에서 하루아침에 세계 최고의 스타가 된 린드버그는 엄청나게 변한 자신을 주체할 수 없었는지 그 후 여러 가지 스캔들에 휘말린다. 가장 큰일은 그의 친아들 유괴 사건이다. 2층 방에서 자던 생후 20개월 난 아들이 침입자에 의해 유괴되었고, 아이는 유괴된 집에서 멀지 않은 곳에서 사체로 발견되었다. 체포된 독일계 남자가 범인으로 인정되어 사형집행되었지만, 석연찮은 구석이 많아 온갖 추측이 난무했다. 그 사건은 아직도 미스터리로 남아 있다.

17 선박
Ships

배는 인류의 가장 오래된 교통수단이다. 물에 떠 있는 통나무를 보고는 나무를 엮어 뗏목을 만들었고, 부력을 최대화하는 방법을 알아내어 나무 가운데를 파서 더 많은 양의 짐을 실을 수 있었다. 돛을 달아 바람을 이용했는데, 신기하게도 돛대를 잘 조종하면 역풍에도 앞으로 나아갈 수 있었다. 바람이 없으면 노를 이용하여 움직였다. 그러다가 증기선이 나오면서 선박은 동력화되었고, 현재는 최첨단 전자장치를 갖춘 배들이 오대양을 누비고 있다.

☑ Precheck

- ☐ raft, boat, ship, vessel
- ☐ oar, paddle
- ☐ sail, navigation
- ☐ nautical mile
- ☐ knot
- ☐ shipyard, dockyard
- ☐ fresh water, salt water, saline water
- ☐ compass
- ☐ tonnage
- ☐ displacement
- ☐ fleet
- ☐ aircraft carrier
- ☐ icebreaker
- ☐ submarine
- ☐ cruiser, cabin cruiser
- ☐ destroyer
- ☐ frigate
- ☐ sailing vessel, steamboat
- ☐ barge
- ☐ bow, stern
- ☐ bulbous bow
- ☐ anchor, moor
- ☐ deck
- ☐ portside, starboard
- ☐ rudder
- ☐ hull
- ☐ draft line, waterline
- ☐ ballast
- ☐ shipwreck
- ☐ nausea, seasickness
- ☐ port, harbor
- ☐ wharf, quay

raft 뗏목　**boat** 작은 배　**ship** 큰 배　**vessel** 선박, 배 (총칭)

If a **boat** is compared to a car, a **ship** will be a truck and a **vessel** corresponds to an automobile.
만약 boat를 승용차에 비유하면, ship은 트럭이고 vessel은 자동차에 해당한다.

---

oar, paddle 노

By rowing **oars**, the boat moved forward slowly in the dusk.
노를 저으니 배가 석양 속으로 천천히 앞으로 나아갔다.

---

sail, navigation 항해

The English **Navigation** Acts prohibited the use of foreign shipping for trade between England and its colonies in the 17th century.
17세기에 영국의 항해금지법은 영국과 식민지 간의 교역에 다른 나라 배를 사용하는 것을 금지시켰다.

---

nautical mile 해리 (항해용 마일)

The length of one **nautical mile** is exactly 1,852 meters, slightly longer than a mile.
1해리의 길이는 정확히 1,852미터로, 1마일보다 약간 더 길다. (▶ 1마일은 1,609미터)

---

knot 노트 (1시간에 1해리를 가는 속도)

A **knot** is the speed of going one nautical mile per hour.
1노트는 시간당 1해리를 가는 속도이다.

---

shipyard, dockyard 조선소

The world's first known **shipyard** was in India, around 2400 BC.
세계 최초라고 알려진 조선소는 인도에 있었고, 기원전 2400년 경이다.

---

fresh water 담수　**salt water, saline water** 해수

Only 2.5% of all water on Earth is **fresh water**.
지상의 물 전체에서 단지 2.5%만이 담수이다.

compass 나침반
The magnetic compass was first invented in China, circa 200 BC.
자석 나침반은 기원전 200년 경에 중국에서 처음으로 발명되었다.

---

tonnage 용적 톤수 (무게가 아닌 부피로 계산한다.)
Tonnage is related to the whole volume of a ship and it is a measure of the cargo carrying capacity.
용적 톤수는 배 전체의 부피와 관련 있으며, 실을 수 있는 화물량의 측정 단위이다.

---

displacement 배수량, 배의 무게 (배가 물에 잠기며 밀어낸(displaced) 물의 무게. 만선 시의 무게로 말한다.)
Displacement tonnage is the weight of the water that a ship pushes out when it floats.
배수량이란 배가 물에 뜰 때 배가 밀어낸 물의 무게이다. (▶ 이 무게는 배의 무게와 동일하다.)

---

fleet 함대
Fleet Street is a street in London where many press companies are located, not related to any ships at all.
플리트 스트리트는 런던에 있는 거리 이름인데 많은 언론사들이 위치해 있다. 배와는 전혀 관계없다.

---

aircraft carrier 항공모함
The USS Nimitz is the biggest aircraft carrier in the world. She is powered by two nuclear reactors.
세계에서 제일 큰 항공모함은 미군의 니미츠호인데, 두 개의 원자력 반응로를 이용해 움직인다.

---

icebreaker 쇄빙선
Icebreakers have thicker hull and more powerful engines than usual ships.
쇄빙선은 보통 배보다 더 두꺼운 선체와 더 강력한 엔진을 가진다.

---

submarine 잠수함

The most famous **submarines** are the U-boats operated by Germany in the Second World War.
잠수함 중에서 가장 유명한 것은 제2차 세계대전 중에 독일이 작전에 이용한 U-boat이다.

`cruiser` 순양함   `cabin cruiser` 여객선

A **cruiser** is a type of warship armed with guns and bigger than a destroyer.
순양함은 대포로 무장된 전함이며, 구축함보다 크다.

`destroyer` 구축함

Destroyers are fast warships dedicated to escort and to protect carrier groups.
구축함은 항공모함 부대를 호위하고 보호하기 위한 속도가 빠른 전투함이다.

`frigate` 전투함

Frigates are fast warships to escort other big vessels with light armament.
전투함은 고속정으로, 경무장하고 다른 큰 배를 호위하는 배이다.
(▶ 전함 크기: Cruiser 〉 Destroyer 〉 Frigate)

`sailing vessel` 범선 (돛을 달아 바람으로 움직이는 배)   `steamboat` 증기선

Robert Fulton, an American engineer, developed the first commercially successful **steamboat** in 1800.
미국 엔지니어인 풀턴은 1800년에 처음 상업적으로 성공한 증기선을 개발했다.

`barge` 바지선

A **barge** is a flat-bottomed boat intended to be used in a river or a canal.
바지선은 강이나 운하에서 사용할 목적으로 밑이 평평하게 만들어진 배이다.

`bow` 선수, 이물   `stern` 선미, 고물

To move forward faster, the bow of a boat should be lifted up a little bit.
빨리 나가려면, 배의 이물이 살짝 들려야 한다.

---

bulbous bow 구상선수 (물에 잠기는 선수의 밑부분을 구형으로 만든 것)

The bulbous bow is hardly seen because this part is usually below the waterline.
선수 아랫부분에 불거져 나온 구상선수는 잘 보이지 않는다. 왜냐하면 이 부분은 주로 물에 잠기기 때문이다.

---

anchor 닻; 닻을 내리다, 정박하다   **moor** 정박하다

The anchor prevents vessels from drifting because of wind or water current.
닻은 배가 바람이나 조류에 표류되지 않게 해준다.

---

deck 갑판

A deck is a floor of a vessel, usually made of wood.
갑판은 나무로 만들어진 배의 마루이다.

---

portside 좌현   **starboard** 우현

Charging and discharging is usually from the portside of a ship.
배에 물건을 싣거나 내릴 때 주로 좌현에서 한다. (▶ 좌현-우현은 선미를 등지고 선수를 향해 서 있을 때 왼쪽-오른쪽 뱃전을 말한다. 밤에는 좌현에 빨간색 등을, 우현에 녹색등을 달아 표시한다고 한다. 배가 어디로 향하는지 알기 위해서이다.)

---

rudder 키, 방향타

The rudder is located on the stern side to control the ship's moving direction.
키는 선미 측에 달려 배가 움직이는 방향을 조절한다.

---

hull 선체

After using steel to make **hull**, the construction of big ships became possible.
선체를 강철로 만든 후부터 큰 배의 건조가 가능해졌다.

`draft line, waterline` 흘수선 (선체의 물과 공기의 경계선)

The length of **draft line** affects the speed of a ship significantly.
흘수선의 길이는 배의 진행 속도에 심대한 영향을 준다. (▶ 배가 물에 많이 잠길수록 흘수선의 총 둘레가 길어지는데, 더 많은 면이 물에 닿으므로 저항이 커진다.)

`ballast` 바닥짐 (안전을 위하여 배의 바닥에 싣는 중량물. 배가 파도에 흔들려도 오뚝이처럼 중심을 잡게 해준다.)

Ballast is the load at the bottom of a vessel to stabilize it against waves or a storm.
밸러스트는 파도나 폭풍에 배가 안정되도록 해주는 배 바닥의 짐이다.

`shipwreck` 난파선, 난파된 배의 조각

Finding **shipwrecks** in the deep ocean is very challenging work.
심해의 난파선을 찾는 일은 아주 도전적인 일이다.

`nausea, seasickness` 뱃멀미

Due to strong **nausea**, I felt everything was rocking for a while after disembarking.
심한 뱃멀미로 배에서 내린 한참 후까지 모든 것이 흔들리는 것처럼 느껴졌다.

`port, harbor` 항구　`wharf, quay` 선착장, 부두

At dawn, we walked together along the wooden **wharf** thrown into the sea.
동틀 녘에 우리는 바다로 길게 난 나무로 된 선착장을 같이 걸었다.

Exercise 17

다음 빈칸에 주어진 첫 글자로 시작하는 단어를 써넣으시오.

1. The a _ _ _ _ _ prevents vessels from drifting because of wind or water current.
2. B _ _ _ _ _ _ is the load at the bottom of a vessel to stabilize it against waves or a storm.
3. To move forward faster, the b _ _ of a boat should be lifted up a little bit.
4. The magnetic c _ _ _ _ _ _ was first invented in China, circa 200 BC.
5. A c _ _ _ _ _ _ is a type of warship armed with guns and bigger than a destroyer.
6. A d _ _ _ is a floor of a vessel, usually made of wood.
7. D _ _ _ _ _ _ _ _ _ _ _ tonnage is the weight of the water that a ship pushes out when it floats.
8. The length of d _ _ _ _ line affects the speed of a ship significantly.
9. F _ _ _ _ _ _ _ are fast warships to escort other big vessels with light armament.
10. After using steel to make h _ _ _, the construction of big ships became possible.
11. A k _ _ _ is the speed of going one nautical mile per hour.
12. The r _ _ _ _ _ is located on the stern side to control the ship's moving direction.
13. Due to strong n _ _ _ _ _, I felt everything was rocking for a while after disembarking.
14. By rowing o _ _ _, the boat moved forward slowly in the dusk.
15. The world's first known s _ _ _ _ _ _ _ was in India, around 2400 BC.

Answers
1. anchor 2. Ballast 3. bow 4. compass 5. cruiser 6. deck 7. Displacement 8. draft
9. Frigates 10. hull 11. knot 12. rudder 13. nausea 14. oars 15. shipyard

Science-Technology-Engineering-Mathematics History

잠수함과 핵잠수함 이야기

여러 종류의 배가 있지만, 기술적으로 가장 어려운 배는 잠수함이다. 물속에서는 연기를 내뿜는 연소기관 추진장치를 사용할 수 없고, 수평을 유지하면서 수심을 조절하는 것도 어려우며, 사고 시 구조작업이 까다롭기 때문이다. 역사상 최초의 잠수함은 미국독립전쟁 당시 영국배를 파괴하려고 수동 조작으로 접근했던 일인용 잠수함이라고 한다. 윌리엄 본(William Bourne)이라는 당시 예일대 학생이 만들었다는데, 자료를 보니 물에 잠기지만 완전히 잠기는 잠수함은 아니었다. 보통 잠수함들은 수상에서 디젤엔진으로 운항하다가 잠수할 경우 충전해 두었던 전기배터리를 사용하여 수중 운항한다.

초창기 잠수함은 수면으로 운행하다가 필요 시 잠수하는 '잠수 가능한 배'였으나 점차 기술이 진보하면서 물속에서도 시속 30킬로미터 이상으로 항해할 수 있게 되었다. 역사상 가장 유명한 잠수함은 유보트(U-boat)일 것이다. 제2차 세계대전 당시 미국에서 영국으로 향하던 전쟁물자 수송용 상선을 주로 격침시켰던 독일 잠수함 유보트는 연합국에게는 엄청난 골칫거리였다. 비교적 최근의 잠수함 관련 이슈로는 2000년 겨울에 노르웨이 북쪽 바다에서 사고로 침몰, 승조원 전원이 사망한 러시아의 핵잠수함 쿠르스코호 참사와, 일본이 탐사용으로 만든 신카이(심해)6500이라는 세계 최고 성능의 잠수함 이야기가 있다.

원자력 잠수함 이야기를 해보자. 원자력 잠수함은 추진동력이 원자력이라서 붙여진 이름이다. 하지만 대부분 핵무기를 탑재하고 있으며, 핵발전기를 통해 추진하기 때문에 연료충전주기가 긴 것이 특징이다. 그래서 크기도 거의 200미터에 이르고, 한 번 잠수하면 수 개월 동안 수상으로 나오지도 않는다. 30명 정도의 승조원을 태우고 수심 200미터 정도에서 시속 30킬로미터 이상의 속도로 움직인다. 핵잠수함의 가장 중요한 임무는 무엇일까? 핵전쟁 억제력이다. 핵잠수함은 수상으로 자주 나오지 않기 때문에, 적국에서 그 위치를 파악할 수 없다. 그래서 만약 자국이 핵공격을 받는다면, 핵잠수함 함장은 스스로 판단하여 적국에 핵미사일 공격을 할 수 있다. 그것이 최초의 개발 이유였다. 냉전시대에 만들어진, 상대의 등에 비수를 꽂을 수 있는 '필살의 무기'였던 것이다. 과학기술이 참 무섭게도 발전했다. 하지만 잠수함은 무엇보다도 해저탐사의 도구이다. 우리나라도 항공우주 프로젝트와 함께 해저탐사를 통한 자원개발에도 투자와 연구를 집중해야 한다.

18 환경, 에너지
Environment & Energy

지구는 온도 컨트롤이 무척 잘 되는 별이다. 사람이 사는 곳을 기준으로 지구상에서 제일 추운 곳 (−50°C)과 제일 더운 곳(+50°C)의 기온차는 약 100도이다. 한 장소에서 연중 최대온도와 최저온도의 차이는 그 반인 50도 정도이고 최대 일교차는 25도 정도이다. 달은 동일 장소에서의 일교차가 200도 이상이라고 한다. 지구의 온도가 잘 유지되는 가장 큰 이유는 대기가 있고 표면에 물이 많기 때문이다. 공기와 물은 상상 이상으로 여러 가지에 기여한다. 공기와 물을 잘 보호하는 것이 곧 환경보호이다.

☑ Precheck

- ☐ environment, surroundings
- ☐ pollution, contaminate
- ☐ greenhouse effect
- ☐ ground water
- ☐ water resource, water scarcity
- ☐ aquifer
- ☐ irrigation
- ☐ salinity, desalination
- ☐ rubbish, garbage, waste
- ☐ dustbin, trash can
- ☐ urbanization
- ☐ sewage, waste water
- ☐ transpiration
- ☐ precipitation
- ☐ evaporation
- ☐ meteorology
- ☐ renewable, alternative, sustainable
- ☐ conduction
- ☐ convection
- ☐ radiation
- ☐ insulation
- ☐ condensation
- ☐ convert, transform
- ☐ incandescent, fluorescent
- ☐ duty rating, load
- ☐ electric grid, smart grid
- ☐ photovoltaic, solar cell
- ☐ dry cell
- ☐ exploitable deposit
- ☐ efficiency
- ☐ tidal power
- ☐ wind power
- ☐ hydraulic
- ☐ geothermal
- ☐ fossil fuel
- ☐ crude oil
- ☐ kerosene
- ☐ sedimentary
- ☐ stakeholder, stockholder

environment 환경 **surroundings** 주위환경, 주변 지역

The **environment** is the **surroundings** of air, water and ground that we interact with.

환경은 우리가 상호작용하는 주위를 둘러싼 공기, 물, 땅을 말한다.

---

pollution 공해 (pollute 오염시키다) **contaminate** 오염시키다 (contamination 오염)

Contaminated water is more dangerous than **polluted** air.

오염된 물은 공해로 찌든 공기보다 더 위험하다.

---

greenhouse effect 온실효과

Carbon dioxide is strongly suspected to cause the **greenhouse effect** on Earth.

이산화탄소가 지구에 온실효과를 만드는 것으로 강력한 의심을 받고 있다.

---

ground water 지하수

Some people believe that shale gas exploit may contaminate **ground water**.

어떤 사람들은 셰일가스 개발이 지하수를 오염시킬 수도 있다고 생각한다.

---

water resource 수자원 **water scarcity** 물 부족

Water scarcity is one of the most serious problems in California.

물 부족은 캘리포니아의 심각한 문제 중 하나이다.

---

aquifer 대수층, 지하수 층

Hydrogeology is the studies of water flow in **aquifers** and characteristics of **aquifers**.

수지질학은 지하수 층의 물의 유동과 특징에 대해 연구하는 학문이다.

---

irrigation 관개 (농업용 물대기)

Irrigation is the artificial supply of water for agriculture.

관개는 농사를 위해 인위적으로 땅에 물을 공급하는 것이다.

---

salinity 염도   desalination 염분 제거, 담수화

The salinity of the Dead Sea is more than 35%, while normal oceans' salinity is around 3.5%.

사해의 염도는 35%가 넘는데, 다른 보통 바다는 염도가 3.5% 정도이다. (▶ 35%의 salinity는 물 1리터당 소금이 350g 녹아 있는 상태)

---

rubbish, garbage, waste 쓰레기

Human waste means feces and urine.

human waste는 똥오줌을 말한다. (▶ 똥: feces, excrements, stools)

---

dustbin, trash can 쓰레기통

To watch out for bombs and other dangerous materials, many trash cans in city streets are now transparent.

폭탄이나 다른 위험 물질을 경계하기 위해, 도시의 쓰레기통들은 지금 투명하다.

---

urbanization 도시화

Since the Industrial Revolution, urbanization has accelerated rapidly and now more than 50% of the whole world population lives in urban areas.

산업혁명 이후 도시화가 급속히 진행되어 지금은 전 세계 인구의 50% 이상이 도시에 산다.

---

sewage, waste water 하수

The sewage system in Paris has been well developed since the 14th century.

14세기 이래 파리의 하수도 시스템은 잘 개발되어 왔다.

---

transpiration 증산, 땀이 남

Transpiration controls body temperature for warm blooded animals.

땀이 나는 것은 항온동물이 체온을 조절하기 위한 것이다.

precipitation 강우, 강설, 강수량 (앞서 나온 단어로 화학에서는 석출, 침전을 뜻한다. 원래는 위에서 아래로 떨어지는 것을 말하는데, 비나 눈도 하늘에서 떨어지고 침전물도 용액 내에 녹아 있지 못하고 아래로 가라앉기에 떨어지는 면에서는 동일하다.)

The monthly average of precipitation in NYC is around 100mm.
뉴욕시의 월평균 강수량은 약 100밀리미터이다.

---

evaporation 증발

Evaporation is a reaction where liquid becomes vapor due to high temperature or lower pressure.
증발은 높은 온도나 낮은 압력으로 액체가 기체가 되는 반응이다.

---

meteorology 기상학

NOAA (National Oceanic and Atmospheric Administration) in the USA is the biggest institution in the world studying meteorology.
미국의 NOAA는 세계에서 가장 큰 기상 연구 기관이다.

---

renewable 재생 가능한　**alternative** 대안; 대체 가능한　**sustainable** 지속 가능한

Nuclear energy is not a sustainable energy due to the limited quantity of uranium.
우라늄 양이 무한하지 않기 때문에 원자력은 지속 가능한 에너지가 아니다.

---

conduction 전도

Conduction is a heat transfer phenomenon by collision of vibrating particles.
전도는 진동하는 입자들의 충돌에 의한 열전달 현상이다.

---

convection 대류

Convection is the heat transfer by the collective movement of molecules or particles.

대류는 분자나 입자들의 집단적 움직임으로 열이 전달되는 현상이다.

radiation 복사

Radiation is the energy transfer by waves traveling through vacuum or matter.
복사는 진공이나 물질 속을 이동하는 파동에 의한 에너지 전달이다.

insulation 단열

Putting a vacuum layer between materials is the best thermal insulation against conduction and convection.
물질 사이에 진공 층을 넣는 것이 전도나 대류를 막는 최선의 단열이다.

condensation 응축, 응결

The reverse process of condensation is evaporation.
응축의 반대 작용은 기화이다. (▶ 응축: 기체→액체, 기화: 액체→기체)

convert 전환시키다 (명사형 conversion)
transform 변형시키다 (명사형 transformation)

Energy can be transformed into different forms, but the efficiency cannot be 100%.
에너지는 다른 형태로 변환될 수 있지만, (변환 시) 효율이 100%가 될 수는 없다.

incandescent 백열등의   fluorescent 형광등의

The lights from fluorescent lamps are not continuous.
형광등에서 나오는 빛은 연속적인 것이 아니다.

duty rating 정격용량   load 부하

When the load is bigger than the duty rating, induction motors lose rotating speed.
정격용량보다 큰 부하가 걸리면, 유도전동기는 회전속도가 느려진다.

electric grid 전력망 **smart grid** 스마트 그리드(IT를 접목한 지능형 전력망)

A **smart grid** is a modernized **electric grid** combined with IT technology.

스마트 그리드는 IT 기술과 결합한 현대화된 전력망이다.

---

photovoltaic 광전지의, 광발전의 **solar cell** 태양전지

Now, worldwide **photovoltaic** power at its momentary peak is more than 100GW, corresponding to 100 nuclear generating units.

현재 세계의 총 태양 전기는 순간 최고점 기준으로 100기가와트이며, 원자력 발전소 100개에 상응한다. (▶ 지속 발전을 고려하면 원자력 발전소 10개 이하가 될 것이다.)

---

dry cell 건전지

Traditional electric cells were filled with liquid and **dry cell** improved the portability of cells.

처음에는 전지가 액체로 채워졌는데, 건전지가 전지의 휴대성을 좋게 만들었다.

---

exploitable deposit 가채매장량 (개발 가능한 매장량)

Nowadays, **exploitable deposit** is measured by economical reason, not by technical reason.

현재는 개발 가능한 매장량을 기술적인 이유가 아니라 경제성을 기준으로 계량한다.

---

efficiency 효율

The best fuel **efficiency** in a fixed distance can be achieved at around 100km/h in most cars.

대부분의 자동차에서 일정 거리당 최고의 연료 효율은 시속 100킬로미터 속도 정도에서 얻어진다.

---

tidal power 조력

Tidal power is one of the most stable and predictable energy sources.

조력은 안정되고 (변화가) 예측 가능한 에너지원 중 하나이다.

wind power 풍력

Wind power is very random in a day-by-day scale, but quite consistent from year to year.

풍력은 날마다 상당히 다르지만, 매년 상당히 일정하다.

---

hydraulic 수력의, 수압의

Hydraulic power is a renewable energy source and derived from falling or running water.

수력은 재생 가능한 에너지원으로, 떨어지거나 흐르는 물에서 얻는다.

---

geothermal 지열의

Geothermal energy is derived from deep underground and temperature goes up to 25℃ per one kilometer deep.

지열은 깊은 지하에서 얻어지는데, 지하 1킬로미터 내려가면 25도 올라간다.

---

fossil fuel 화석연료

Typical **fossil fuels** are petroleum, coal and natural gas.

대표적인 화석연료는 석유, 석탄 그리고 천연가스이다.

---

crude oil 원유

The first distilled product from refined **crude oil** is Liquified Petroleum Gas (LPG).

원유를 증류하면 처음 얻어지는 제품이 LPG이다.

---

kerosene 등유

Kerosene is obtained by distillation of crude oil and it has been used as fuel for lamps.

등유는 원유를 증류해서 얻어지는데, 램프의 연료로 사용되어 왔다.

---

sedimentary 퇴적물의, 퇴적작용의

Limestone and sandstone are **sedimentary** rocks, but granite is

an igneous rock formed from magma.
석회암과 사암은 퇴적암이지만, 화강암은 마그마에서 만들어진 화성암이다. (▶ igneous 불에 의해 생긴)

---

stakeholder 이해 당사자　**stockholder** 주주 (두 단어는 철자도, 의미도 약간 다르지만, 속뜻은 비슷하다. 주주가 최대의 이해 당사자이기 때문이다. 에너지 정책도 공공의 이익보다는 관련 산업 주주들의 이익대로 움직일 확률이 크다.)

Stockholders are the most powerful stakeholder to be considered when a decision is made in commercial companies.
영리를 추구하는 회사에서 어떤 결정을 할 때, 고려해 주어야 할 가장 중요한 이해 당사자는 주주들이다.

Exercise 18

다음 빈칸에 주어진 첫 글자로 시작하는 단어를 써넣으시오.

1. Hydrogeology is the studies of water flow in a _____ and characteristics of a _____.
2. The reverse process of c _____ is evaporation.
3. C _____ is a heat transfer phenomenon by collision of vibrating particles.
4. C _____ water is more dangerous than polluted air.
5. C _____ is the heat transfer by the collective movement of molecules.
6. The lights from f _____ lamps are not continuous.
7. Typical f _____ fuels are petroleum, coal and natural gas.
8. I _____ is the artificial supply of water for agriculture.
9. The monthly average of p _____ in NYC is around 100mm.
10. R _____ is the energy transfer by waves traveling through vacuum or matter.
11. Water s _____ is one of the most serious problems in California.
12. The s _____ system in Paris has been well developed since the 14th century.
13. T ____ power is one of the most stable and predictable energy sources.
14. T _____ controls body temperature for warm blooded animals.
15. Human w ____ means feces and urine.

Answers

1. aquifers, aquifers 2. condensation 3. Conduction 4. Contaminated 5. Convection 6. fluorescent 7. fossil 8. Irrigation 9. precipitation 10. Radiation 11. scarcity 12. sewage 13. Tidal 14. Transpiration 15. waste

Science-Technology-Engineering-Mathematics History

지진 예측에 실패한 과학자들, 중형에 처해지다!

2009년 4월 6일, 이탈리아 중부에 진도 6.3의 지진이 있었다. 이 지진으로 309명이 사망했다. 이렇게 큰 지진이 있기 전 작은 지진들이 계속 생겨서 주민들이 불안해했다고 한다. 그러나 대책 회의에서 지진연구소 소장과 정부 재난 방재 고위 공직자는 소지진이 대지진의 징조는 아니라고 결론 짓고 주민들은 안심하고 집에 있어도 된다고 발표했다는 것이다. 지진 발생 후 사망자 가족 11명이 검찰에 이들을 고발했다.

검찰은 재판에서 이들에게 4년 금고형을 구형했다. 그런데 법원은 한술 더 떠서 책임자 7명에게 금고(노동 없는 교도소형) 6년에 9백만 유로의 벌금을 판결했다고 한다. 죄목은 '다중 살인'이다. 이 판결은 2012년에 있었는데, 당연히 피고들은 항소를 했고, 2014년 11월에 있었던 2심 판결 결과는 무죄였다고 한다. 검찰이 상고하면 3심까지 갈 터인데 아직 결과는 안 나온 모양이다. 무책임한 관계자들에게 경종을 울린 판결인지, 21세기 버전 갈릴레이 재판인지 판단이 어렵다.

그런데 이 판결로 정작 정신이 번쩍 든 사람들은 일본 학자들이라고 한다. 지진 예측을 위해 많은 학자들이 정부에 조언하고 있기 때문이다. 이탈리아 관계자들이 사안을 신중하게 보지 못했다고 실형을 선고받았다면, 앞으로 예측하는 학자들은 무조건 아주 보수적으로 예측할 것이다. 땅이 아주 조금만 흔들려도 집과 사무실을 비웠다 다시 들어가길 반복하도록 경고 조치를 낼 것이다. 과학기술에서도 보수와 진보의 적절한 타협은 언제나 중요한 문제이다. 설계에 대해 너무 보수적(비판적)이면 안전하지만 비용이 많이 들고, 너무 진보적(낙관적)이면 안전 자체가 위협을 받는다. 이 둘을 현실에 맞게 잘 절충할 수 있어야 훌륭한 과학기술자이다.

리히터(영어 발음은 릭터) 지진계(Richter magnitude scale)로 4.0이면 진동을 약간 느낄 수 있는 정도. 6.0이면 강한 지진에 속하며 제법 큰 피해가 발생한다. 4.0과 5.0은 10배 차이, 4.0과 6.0은 100배 차이의 에너지를 말하지만, 반드시 지진 스케일과 지진 피해가 비례하는 것은 아니라고 한다.

19 원자력
Nuclear Power

말도 많고 탈도 많은 것이 원자력이다. 상당히 안전하지만, 사고 나면 대재앙이다. 그렇다고 원자력을 다 없애기는 쉽지 않다. 분명한 것은 지속 가능한 에너지를 개발하면서 서서히 탈핵으로 가야 한다는 것이다. 최근 프랑스 원자력연구소가 명칭을 '원자력 및 대체에너지 연구소로 바꾼 것에서 시사하듯 원자력계도 시야를 넓힐 필요가 있다.

☑ Precheck

- ☐ atomic, nuclear
- ☐ nuclear fuel
- ☐ capacity factor
- ☐ radioactive, radiation
- ☐ radiation dose, radiation exposure
- ☐ reactor
- ☐ half life
- ☐ enriched uranium
- ☐ nuclear event scale
- ☐ incident, accident
- ☐ deviation
- ☐ coolant
- ☐ shutdown, startup
- ☐ light water reactor
- ☐ heavy water reactor
- ☐ moderator
- ☐ depleted uranium
- ☐ breeder reactor
- ☐ control rod
- ☐ decommissioning
- ☐ pellet
- ☐ aged deterioration, aging
- ☐ fissile material
- ☐ Sievert
- ☐ radioactive waste
- ☐ vitrification
- ☐ regulatory body
- ☐ nuclear safeguards

atomic, nuclear 원자력의 (atomic bomb(원자폭탄) 같은 표현 말고 '원자력의'라는 뜻으로는 nuclear를 사용하는 경향이 있다.)

As of 2013, there are 439 **nuclear** power reactors operating in 31 countries.

2013년 기준으로, 31개국에 총 439개의 운영 중인 원자력 발전 반응로가 있다.

---

nuclear fuel 원자력 연료 (우라늄)

Nuclear fuel means uranium based oxide sustaining chain reactions in the reactor.

원자력 연료는 원자로 내에서 연쇄반응을 유지하는, 우라늄 산화물을 말한다.

---

capacity factor 설비 이용률 (순간최대발전 능력이 아니라, 계속적으로 얼마나 발전을 할 수 있는지를 따지는 비율)

The **capacity factor** of nuclear reactors is as high as 90%, but other generation plants show usually less than 50% of a capacity factor.

원자로는 설비 이용률이 90%까지 높지만, 다른 발전 설비들은 보통 50% 아래이다.

---

radioactive 방사성의, 방사능의   **radiation** 방사선

Radioactive materials are in general very heavy and become lighter through emitting **radiation**.

방사성 물질은 일반적으로 상당히 무겁고, 방사선을 방출하여 더 가벼운 물질이 되려고 한다.

---

radiation dose, radiation exposure 방사선 노출량

Everybody should bear a badge showing a **radiation dose** when he/she visits a nuclear facility.

원자력 설비를 방문할 때 모든 사람은 방사선 노출량을 보여주는 배지를 착용해야 한다.

---

reactor 원자로, 반응로

A **reactor** is a metallic cylindrical tank containing nuclear fuels and high pressurized water.

원자력 반응로는 실린더 형상의 탱크로 핵연료와 고압의 물을 담고 있다.

half life 반감기

The **half life** of Uranium-235 is more than 700M years.

(핵발전 연료인) 우라늄235의 반감기는 7억 년이 넘는다.

enriched uranium 농축우라늄

Uranium-235 is **enriched** up to 3 to 4% for nuclear generation.

우라늄235는 원자력 발전용으로 쓰려면 3%에서 4%까지 농축한다.

nuclear event scale 원자력 사고 고장 등급

The **nuclear event scale** by IAEA has the steps from zero to seven and the accident in Three Mile Island in the USA is categorized at a scale of 5.

국제원자력기구(IAEA)에 의한 원자력 발전소 사고의 크기는 0부터 7까지의 단계를 가지는데, 미국 스리마일 아일랜드의 사고는 5로 분류되었다.

incident 고장 (1~3등급 사건)   accident 사고 (4등급 이상의 사건)

The most serious nuclear **accident** happened 1986 in Chernobyl, but the accident in Fukushima could exceed that of Chernobyl.

최악의 원자력 사고는 1986년 체르노빌에서 일어났지만, 후쿠시마 사고가 체르노빌을 능가할지도 모른다.

deviation 경미한 고장 (안전에 중요하지 않은 사건으로 0등급. 안전과 무관한 사건은 등급 외(out of scale)로 규정)

Deviation is the least serious accident and it is categorized at a scale of 0.

deviation은 가장 경미한 사고로 사고 단계 0으로 분류된다.

coolant 냉각수

The pressure of a **coolant** in the reactors is very high in order to keep water in its liquid phase.

원자로 내의 냉각수 압력은 아주 높은데, 물을 액상으로 유지하기 위해서이다.

shutdown 운전 정지 **startup** 운전 개시

After shutdown, a reactor should be checked and verified before startup.

원자로를 정지하고 나면, 운전을 개시하기 전에 점검하고 확인해야 한다.

---

light water reactor 경수로 (보통의 물을 냉각수로 사용한다.)

Most nuclear reactors in the world are light water reactors.

세계에 있는 대부분의 원자로가 경수로이다.

---

heavy water reactor 중수로 (중수를 냉각수로 사용. 자연산 우라늄 그대로 사용 가능하다.)

Heavy water reactors are mainly developed in Canada.

중수로는 대부분 캐나다에서 개발되었다.

---

moderator 감속재

Moderators reduce the speed of the nuclear chain reaction.

감속재는 연쇄핵반응 속도를 줄여 준다.

---

depleted uranium 감손우라늄, 열화우라늄 (우라늄235의 함량이 감소한 우라늄238)

Depleted uranium is a byproduct from production of enriched uranium.

열화우라늄은 농축우라늄 생산 과정의 부산물이다.

---

breeder reactor 증식로 (부산물을 다시 핵연료로 사용할 수 있는 반응로. 냉각 문제로 실용화가 어려워 현재는 교착상태에 있다.)

Instead of water, liquified natrium is used as a coolant in breeder reactors.

물이 아니라, 액화나트륨이 증식로의 냉각재로 사용된다. (▶ natrium = sodium)

---

control rod 제어봉

Control rods are one of the moderators used to control neutrons by changing height in the reactor.
제어봉은 원자로 내에서 높이를 조절하여 중성자를 컨트롤하는 감속장치 중 하나이다.

---

decommissioning 폐로, 철거

Full **decommissioning** of a nuclear power plant takes more than 10 years.
원자력 발전소 하나를 완전히 철거하려면 10년이 넘게 걸린다.

---

pellet 펠릿, 연료소자 (사전적으로는 가루를 뭉쳐 알약처럼 만든 것을 말함 = tablet)

Pellets for reactors look like chalk pieces used to write on a blackboard.
원자로용 펠릿은 칠판에 쓰는 토막 난 분필 같이 생겼다.

---

aged deterioration, aging 경년 변화, 노화

Plastic material is more sensitive than metal during **aging**.
플라스틱 재료는 금속보다 더 쉽게 노화된다.

---

fissile material 핵분열성 물질

Fissile materials transform into lighter ones through radioactive reaction.
핵분열성 물질은 방사능 반응을 통해 더 가벼운 물질로 변한다.

Sievert 시버트 (방사능 노출 측정 단위)

Sievert is a unit used to measure instantaneous energy from radiation.
시버트는 방사능에서 나오는 순간 에너지 측정량이다. (▶후쿠시마 사고 후 내부 작업자의 방사능 노출 수치가 1 Sievert 근방이었다. 1 시버트에서 한 시간 이상 노출되면 암에 걸릴 확률이 아주 높고 5시간 이상이면 사망할 정도이다.)

---

radioactive wastes 방사능 폐기물

Radioactive waste can be compacted, but cannot disappear by incineration.

방사능 폐기물을 태우면 양을 압축할 수는 있지만, 없어지지는 않는다.

---

vitrification 유리화 (폐기물의 부피를 줄이기 위해 유리를 넣어 굳히는 것)

Vitrification technology has been used to dispose of long-term radioactive waste.

유리를 섞어 굳히는 기술은 반감기가 긴 방사능 폐기물 처리에 이용되고 있다.

---

regulatory body (원자력) 규제 기관

NRC (National Regulatory Commission) is the American **regulatory body** and ASN is the French one.

NRC는 미국의 원자력 규제 기관이고, ASN은 프랑스의 규제 기관이다.

---

nuclear safeguards 원자력 안전장치[안전보장 조치, 안전 규제]

Nuclear safeguards are the measures by international watch and verifications not to allow making nuclear bombs with byproducts from nuclear generation.

원자력 안전장치는 원자력 발전을 통해 얻어진 부산물이 원자폭탄을 만드는 데 사용되지 않도록 국제적으로 감시하고 점검하는 조치를 말한다.

Exercise 19

다음 빈칸에 주어진 첫 글자로 시작하는 단어를 써넣으시오.

1. The pressure of a c _ _ _ _ _ _ in the reactors is very high in order to keep water in its liquid phase.
2. Full d _ _ _ _ _ _ _ _ _ _ _ _ _ _ of a nuclear power plant takes more than 10 years.
3. D _ _ _ _ _ _ _ _ is the least serious accident, categorized at a scale of 0.
4. Uranium-235 is e _ _ _ _ _ _ _ up to 3 to 4% for nuclear generation.
5. F _ _ _ _ _ _ materials transform into lighter ones through radioactive reaction.
6. The h _ _ _ l _ _ _ of Uranium-235 is more than 700M years.
7. M _ _ _ _ _ _ _ _ _ reduce the speed of the nuclear chain reaction.
8. As of 2013, there are 439 n _ _ _ _ _ _ _ power reactors operating in 31 countries.
9. P _ _ _ _ _ _ for reactors look like chalk pieces used to write on a blackboard.
10. R _ _ _ _ _ _ _ _ _ _ materials are in general very heavy and become lighter through emitting radiation.
11. A r _ _ _ _ _ _ _ is a metallic cylindrical tank containing nuclear fuels and high pressurized water.
12. NRC is the American r _ _ _ _ _ _ _ _ _ body and ASN is the French one.
13. After s _ _ _ _ _ _ _ _, a reactor should be checked and verified before startup.
14. S _ _ _ _ _ _ is a unit used to measure instantaneous energy from radiation.
15. V _ _ _ _ _ _ _ _ _ _ _ _ technology has been used to dispose of long-term radioactive waste.

Answers

1. coolant 2. decommissioning 3. Deviation 4. enriched 5. Fissile 6. half, life 7. Moderators
8. nuclear 9. Pellets 10. Radioactive 11. reactor 12. regulatory 13. shutdown 14. Sievert
15. Vitrification

또 한 명의 걸출한 이탈리아 출신 과학자, 페르미

로마의 후예인 이탈리아는 근대 최초의 과학자라고 할 수 있는 갈릴레이를 비롯한 걸출한 과학자들을 많이 배출했다. 교과서에 등장하는 인물만 해도 토리첼리, 아보가드로, 볼타 그리고 페르미가 있다. 첫 단원에 소개된 레오나르도 피보나치라는 수학자도 이탈리아 사람으로, 13세기에 활동하며 당시 로마숫자로 수학을 하던 유럽에 아라비아숫자를 도입함으로써 유럽에서 근대적 수학을 태동시킨 사람이다.

오늘의 이야기 주인공은 페르미(Enrico Fermi, 1901-1954)이다. 시카고 대학의 페르미가 이끄는 팀은 최초로 원자핵반응을 제어하는 데 성공했다. 쉽게 말하면 원자폭탄과 원자력 발전을 가능하게 만든 것이다. 그는 1938년 노벨상을 수상하고 스웨덴에서 고국인 이탈리아로 돌아가야 했지만, 가족들과 함께 뉴욕으로 방향을 틀어 미국에 망명을 요청했다. 그의 아내가 유태인인데 유럽에서 유태인 박해가 시작되자 일찍 도피한 것이다. 그 후 그는 맨하탄 프로젝트에 주도적으로 참가하여 미국이 독일보다 앞서 원자탄을 만드는 데 기여했다. 역으로 말하면, 그가 유럽에 계속 남아 있었다면 제2차 세계대전의 양상에 변화가 있었을 수도 있다. 당시 독일도 원자탄을 개발 중이었으며 상당한 진전이 있었다고 한다. 더욱이 독일은 장거리 미사일인 V1, V2까지 가지고 있던 참이었다. 결정적인 시기에는 단 한 명의 과학자가 세계의 역사를 바꿀 수도 있는 것 같다. 뉴턴이나 아인슈타인이 그랬던 것처럼.

페르미의 제자들 중에는 1957년에 노벨물리학상을 공동수상한 두 중국인 양첸닝(Chen-Ning Yang)과 리정다오(Tsung-Dao Lee)가 눈에 띈다. 페르미처럼 두 중국인 제자도 40세가 되기 전에 노벨상을 받았다. 페르미는 비교적 젊은 나이인 53세에 시카고에서 위암으로 세상을 떠났다. 1957년도 노벨상 수상자들을 찾아봤더니, 노벨문학상은 〈이방인〉으로 우리에게 잘 알려진 프랑스 작가 알베르 카뮈에게 수여되었다. 이탈리아를 떠나 미국에서 연구한 페르미나 중국을 떠나 미국에서 연구한 두 과학자, 알제리에서 태어난 프랑스인 카뮈까지도 모두 성공한 이방인들이었다. 신념과 노력으로 다른 언어와 문화 풍토를 극복하고 정상에 선 사람들이다.

20 논문 어휘
Words for Academic Paper

이공계 대학과 연구소들은 오래전부터 논문 실적 전쟁을 벌이고 있다. 1960년대 이래 미국 대학들은 'Publish or Perish?(논문을 낼래, 아니면 도태될래?)'라는 구호 아래 논문 생산 공장 역할을 수행해 왔고, 유럽과 아시아 대학들도 80년대부터 이 경쟁에 뛰어들었다. 이제 교수들은 수업은 뒷전이고 논문에 목숨을 건다. 그래서 웬만한 대학들은 다 연구중심 대학이라는 간판을 걸고 있다. 이번 과에서는 이렇듯 이공계와 숙명적으로 밀접한 '논문'에 관해 표제어나 예문 없이 이야기를 진행해 나가며 그 속에서 단어들을 소개한다.

☑ Precheck

- ☐ patent
- ☐ antipole
- ☐ paper, thesis, dissertation, treatise, essay
- ☐ submission, defense
- ☐ terminology, glossary, jargon
- ☐ plagiarism, piracy, crib
- ☐ title
- ☐ abstract
- ☐ keyword
- ☐ introduction
- ☐ summary, conclusion
- ☐ acknowledgments
- ☐ reference
- ☐ appendix
- ☐ disclaimer
- ☐ invited paper
- ☐ figure, table
- ☐ template
- ☐ citation, citation index
- ☐ SCI
- ☐ evaluate, verify, analyze, validate, assess
- ☐ empirical method, experimental method
- ☐ accurate, precise
- ☐ necessary condition, sufficient condition
- ☐ exponential increase
- ☐ linear, non-linear
- ☐ saturated
- ☐ asymptotic approach
- ☐ mitigate
- ☐ relieve, relax
- ☐ threshold, threshold value
- ☐ reliable, resilient
- ☐ the former, the latter
- ☐ i.e., e.g., cf., et al.
- ☐ period, comma, semicolon, colon
- ☐ quotation, quotation mark

이공계와 논문

논문은 발표되면 동일 분야 다른 연구자들에 의해 읽히고 인용된다. 그러면서 또 다른 논문이 생산된다. 마치 벽돌쌓기 게임처럼 논문을 낸다. 여러 명이 한 장의 벽돌을 같이 올리거나(공동저자), 벽돌(연구 실적)이 좀 크면 여러 장으로 나누어서 올리는 경우도 허다하다. 한편, 논문이 발표되고 나서 어느 정도 시간이 지난 내용에 대해서는 특허(**patent**)를 인정하지 않기 때문에, 무작정 논문을 내다가는 자신의 연구가 아무 대가 없이 노출되는 수가 있으니 조심해야 한다.

논문과 특허는 대척점(**antipole**)에 서 있다. 논문이 자신의 연구를 드러내 권위와 명예를 인정받는 것이라면, 특허는 자신만의 기술을 가린 채 배타적 권리를 장악하여 돈을 버는 것이다. 그래서 순수과학은 학술논문으로, 공학은 발명특허로 경쟁하는 것이다. 하지만 요즈음 공과대학은 순수과학과 구별이 분명하지 않아 특허보다는 오히려 논문으로 연구 실적을 많이 내고 있다. 현재 공과대학들은 새로운 아이디어로 사회에 기여하는 일에 몰두하기보다는 논문을 위한 논문을 양산하는 비실용적 측면이 비대해졌다.

이공계의 관심이 전문가들을 위한 논문으로 이동하면서 자기들끼리의 연구가 되었고 대중들은 과학기술에서 더욱 멀어졌으며, 이공계 대학에서의 수업의 질은 하락했다. 필자는 개인적으로 이공계 대학교수 3명당 1명꼴의 비율로 논문에 집중하고, 다른 교수들은 산학연구에 1/3, 수업에 1/3 정도로 나뉘면 좋겠다고 생각한다. 하지만 연구비가 나온다는 매력 때문에, 대학 당국도 교수들도 논문을 더 많이 발표해서 자기 학교로 연구비를 더 많이 끌어오려 한다. 그래서 교수들의 실적은 거의 논문 출판 숫자로 평가되고 있다.

학술지용 논문은 보통 **paper**라고 부른다. 석사학위 논문은 **thesis**, 박사학위 논문은 **dissertation** 이라고 한다. 옛날에는 **treatise**라는 말이 사용되었고, 문과 쪽에서는 작은 논문에 우리가 '수필'이라고 알고 있는 **essay**라는 단어를 사용하는 경우가 있는데, **essay**에는 fact보다는 주로 필자의 주장이 많이 담긴다. 논문을 제출하는 것은 **submission**. 박사 논문을 발표하는 것은 방위산업에서 사용하는 **defense**라는 용어를 쓴다. 관련학자들의 질문에 잘 '방어'해야 하는 것이다. 요즘 학문은 용어(**terminology, glossary**)를 정확히 알면 반은 먹고 들어간다지만, 전문가들만의 특수용어(**jargon**)가 많이 사용되기 때문에 쉬운 단어라도 전문적으로 사용될 경우의 의미를 알아야 한다.

남의 연구 결과를 인용하되 출처를 명시하지 않으면 마치 자신이 한 것처럼 되기 때문에 표절(**plagiarism, piracy, crib**)이 된다. 하지만 요즘 논문들이 과거 20세기 초 대가들의 논문들처럼 종합적이고도 독창적인 것은 없어서, 표절은 아닐지언정 거의 대부분이 이미 남이 한 연구 위에 벽돌 한 장을 더 얹은 정도이며, 내용도 대단히 지엽적이다. 융합연구란 말이 화두가 된 지도 상당한 시간이 지났지만, 여전히 이공계는 지나치게 이공계는 지나치게 분화되어 있다. 산업혁명 후 자본주의를 통해 서구사회가 발전하게 된 것은 분업의 효과에 기인하는데, 그 후에 분업은 고삐 풀린 망아지마냥 너무 멀리 달아나서 이제는 동일 이공계 분야 내에서도 소통이 어려운 지경에까지 이르렀다.

논문의 형식

학술지의 논문은 **title**(제목), **abstract**(초록, 내용요약), **keywords**(주요 용어들), **introduction**(도입), 본문(특별한 용어가 없다), **summary** 또는 **conclusion**(결론), 도움 받은 기관이나 개인에게 감사를 표하는 부분인 **acknowledgments**, 그리고 **reference**(참고문헌), **appendix**(별첨) 등으로 구성된다. 간혹 의견이나 내용에 책임질 수 없거나 자신이 소속된 특정 기관의 대표 견해가 아닌 개인 의견이라는, 책임 면제 표시인 **disclaimer**를 넣기도 한다. 논문의 전체 내용은 2페이지에서 10페이지 정도이다. 보통 논문은 5페이지 전후라고 보면 되고, 페이지가 많아지면 논문 게재 비용을 더 부담해야 된다. 초청논문(**invited paper**)은 일반 기고자보다 더 많은 페이지를 할애해 준다.

논문에 실리는 그림(그림이 사진이어도 photo라는 말은 잘 사용하지 않고 주로 **figure**라고 한다)은 보통 페이지의 네 귀퉁이에만 싣도록 장려하고 있으며, 그림 설명은 그림 바로 아래에 한다. 이와는 다르게 표(**table**)는 제목을 표 위에다 다는 것이 일반적이다. 해당 논문용 양식(**template**)이 배포되므로 글자 크기나 형식을 그대로 맞추어서 쓰면 된다.

많은 양의 논문을 찾아보고 참고자료가 될 만한 것을 고르는 방법은 제목, 키워드, 그림을 훑어보는 것이다. 이것만 봐도 대충 알 수 있다. 논문 중에 나오는 그림과 그래프들을 정확히 설명할 수 있다면 그 논문을 다 이해하고 있는 것이다. 논문은 남들에 의해 많이 인용(**citation**)되어야 좋은 논문으로 인정받는다. 그래서 논문인용지수(**citation index**)라는 항목을 관리하는 그룹도 있다. 이 인용 통계에 잡히는 **SCI**(Science Citation Index) 논문집이 약 6,500여 종 되는데, 대부분이 영어 학술잡지들이며 이 SCI에 들어가는 논문지에 발표해야 학술적 권위를 제대로 인정받는다.

논문에 자주 사용되는 표현

논문에서 자주 사용되는 단어들은 분야마다 현저히 다르지만, 아래에 공통으로 쓰일 만한 것들을 순서 없이 나열해 보았다.

- 문장을 쓰다 보면 실험이나 계산으로 '평가(검증)해 보았다'라고 해야 할 경우가 많다. **evaluate, verify, analyze, validate, assess** 등의 용어를 사용하면 된다. analyze는 특히 수학적 계산에 의한 평가에 사용되는 단어이다. **empirical method**(경험적 방법), **experimental method**(실험적 방법)라는 표현도 자주 쓰인다.

- 공학에서는 '정확하다(**accurate**)'와 '정밀하다(**precise**)'라는 말을 구별할 때가 있다. 정밀하다는 것은 편차가 적다는 말이고, 정확하다는 말은 참값에 가깝다는 말이다. 양궁에 비유하면, 중심에 못 맞혔어도 여러 개의 화살이 다 한 위치에 맞았으면 precise한 것이다. 하지만 과녁을 많이 벗어났으니 accurate한 것은 아니다. 기계의 경우에는 정밀하기만 하면 간단한 조정으로 정확하게 조절할 수 있기 때문에 정밀성이 대단히 중요하다.

- 많은 경우에 sufficient condition과 necessary condition을 구별해야 한다. 예를 들어 '돈이 많다고 꼭 행복한 것은 아니지만, 돈이 너무 없어도 행복할 수 없다.'는 설명이 있다고 하자. 이 경우에 돈은 행복을 위한 **necessary condition**(필요조건, 전제조건)이지만 **sufficient condition**(충분조건)은 아니다.

- 그래프를 설명할 일도 많다. 엄청나게 증가하는 경향은 **exponential increase**라고 하면 된다. 직선으로 증가·감소하는 것은 **linear**, 어떤 경향은 뚜렷하지만 직선이 아니면 **non-linear**, 처음에는 잘 증가하다가 갈수록 증가가 둔화되는 것은 **saturated**, 어떤 숫자나 제로에 접근하는 것은 **asymptotic approach** 등으로 표현하면 된다.

- 어떤 것을 좀 완화시킨다는 의미로는 **mitigate**라는 말이 자주 사용된다. **relieve, relax**도 같은 뜻이다. 그리고 어떤 지경을 넘으면 값이 심하게 달라지는 점을 **threshold**라고 한다. 사전에는 '문지방'이라고 나와 있는데, 더 쉽게 설명하면 '고비'라는 말이 잘 어울린다. '이 고비만 넘기면 상황이 나아진다.'라고 할 때의 '고비'이다. 예를 들면, 전자공학에 나오는 다이오드라는 소자에 0.7볼트 이상의 전압을 걸어 주면 갑자기 전류가 많이 흐르게 되는데, 이런 경우 0.7볼트는 **threshold value**라고 말할 수 있다.

- 어떤 장치가 믿을 만하다고 할 때, **reliable**이라는 말을 사용한다. 비슷한 말로 **resilient**라는 단어가 있다. 우리말로 하면 '질기다'라는 뜻이 들어 있다. 사전에는 '되튀는' 이라고 풀이가 되어 있는데, 오뚝이처럼 복원력이 좋은 경우를 두고 하는 말이다. 그래서 잡음이나 외력에 의해서도 회복이 빠른 '질긴' 것들을 resilient라고 한다. 깊은 의미에서는 reliable과 비슷한 의미를 가진다.

- 서양 언어들은 작문 시에 동일 단어 반복을 극히 꺼린다. 사실, 동일 단어들이 반복되어야 오해 없이 명쾌한 소통이 이루어질 수 있지만, 읽는 사람은 무료해진다. 그래서 한번 나온 단어들은 대명사로 대체하여 사용하는데, 두 개가 나올 때, 흔히 **the former** (전자), **the latter**(후자)를 사용한다. 익숙해지지 않으면 혼동의 염려가 있지만, 그냥 간단하게 the latter는 뒷 문장에서 볼 때 더 가까운 쪽의 명사를 받는다는 사실만 알면 쉽다.

- 긴 단어 나열을 피하려고 논문에는 라틴어 약자를 사용하기도 한다. 주로 등장하는 약자는 아래 정도이다.

    i.e. (that is) 즉
    e.g. (for example) 예를 들면
    cf. (confer) 비교하라, 참조
    et al. 그 외 여러 사람들 (저자가 많을 때)

- 마침표(**period**), 쉼표(**comma**) 등에도 주의해야 한다. 제목에는 관사를 사용하지 않으려고 노력해야 하며, 인용되는 책 제목은 모든 단어의 첫 자를 대문자로 쓰는 것이 일반적이다. **semicolon**(;) 뒤는 쉼표 뒤로 인식하여 그 다음 단어가 소문자로 시작하지만, **colon**(:) 뒤는 대문자로 시작해야 한다. 인용(**quotation**)의 경우에 따옴표(**quotation mark**)가 오면 마침표는 따옴표 안에 들어가야 한다. 필자도 언제나 익숙하지 않아 어색한 부분이다. 예를 들면, Lord Action wrote: "Power tends to corrupt and absolute power corrupts absolutely." (액션 경이 쓰기를, 권력은 타락하는 경향이 있어서 절대적 권력은 반드시 부패한다고 했다.)와 같이 마침표가 따옴표 안에 들어 있다.

Exercise 20

다음 빈칸에 주어진 첫 글자로 시작하는 단어를 써넣으시오.

학술지의 논문은 **1** t _ _ _ _ (제목), **2** a _ _ _ _ _ _ _ (초록, 내용요약), **3** k _ _ _ _ _ _ _ (주요 용어들), **4** i _ _ _ _ _ _ _ _ _ _ _ (도입, 본문(특별한 용어가 없다)), summary 또는 **5** c _ _ _ _ _ _ _ _ _ (결론), 도움 받은 기관이나 개인에게 감사를 표하는 부분인 **6** a _ _ _ _ _ _ _ _ _ _ _ _ _ _ _, 그리고 **7** r _ _ _ _ _ _ _ _ (참고문헌), **8** a _ _ _ _ _ _ _ (별첨) 등으로 구성된다. 간혹 의견이나 내용에 책임질 수 없거나, 자신이 소속된 특정 기관의 대표 견해가 아닌 개인 의견이라는 책임 면제 표시인 **9** d _ _ _ _ _ _ _ _ _ _ 를 넣기도 한다.

실험이나 계산으로 '평가(검증)해 보았다'라고 해야 할 경우가 많다. **10** e _ _ _ _ _ _ _ _, **11** v e _ _ _ _, **12** a n _ _ _ _ _, **13** v a _ _ _ _ _ _, **14** a s _ _ _ _ _ 등의 용어를 사용하면 된다. 공학에서는 '정확하다(**15** _ _ _ _ _ _ _ _ _)'와 '정밀하다(**16** p _ _ _ _ _ _ _)' 라는 말을 구별할 때가 있다. 그래프를 설명할 일도 많다. 엄청나게 증가하는 경향은 **17** e _ _ _ _ _ _ _ _ _ _ _ increase라고 하면 된다. 직선으로 증가-감소하는 것은 **18** l _ _ _ _ _ _, 처음에는 잘 증가하다가 갈수록 증가가 둔화되는 것은 **19** s _ _ _ _ _ _ _ _, 어떤 숫자나 제로에 접근하는 것은 **20** a _ _ _ _ _ _ _ _ _ approach 등으로 표현하면 된다.

어떤 것을 좀 완화시킨다는 의미로는 **21** m _ _ _ _ _ _ _ 라는 말이 자주 사용된다. **22** r e l i _ _ _, **23** r _ _ _ _ 도 같은 뜻이다. 그리고 어떤 지경을 넘으면 값이 심하게 달라지는 점을 **24** t h _ _ _ _ _ _ _ _ 라고 한다. 사전에는 '문지방'이라고 나와 있는데, 더 쉽게 설명하면 '고비'라는 말이 잘 어울린다. '이 고비만 넘기면 상황이 나아진다.'라고 할 때의 '고비'이다. 예를 들면, 전자공학에 나오는 다이오드라는 소자에 0.7볼트 이상의 전압을 걸어 주면 갑자기 전류가 많이 흐르게 되는데, 이런 경우 0.7볼트는 **25** t h _ _ _ _ _ _ _ _ value라고 말할 수 있다. 어떤 장치가 믿을 만하다고 할 때, **26** r _ _ _ _ _ _ _ 이라는 말을 사용한다. 비슷한 말로 **27** r _ _ _ _ _ _ _ _ 라는 단어가 있다. 우리말로 하면 '질기다'라는 뜻이 들어 있다. 사전에는 '되튀는'이라고 뜻풀이가 되어 있는데, 오뚝이처럼 복원력이 좋은 경우를 두고 하는 말이다.

Answers

1. title   2. abstract   3. keywords   4. introduction   5. conclusion   6. acknowledgments   7. reference   8. appendix   9. disclaimer   10. evaluate   11. verify   12. analyze   13. validate   14. assess   15. accurate   16. precise   17. exponential   18. linear   19. saturated   20. asymptotic   21. mitigate   22. relieve   23. relax   24. threshold   25. threshold   26. reliable   27. resilient

Science-Technology-Engineering-Mathematics History

논문왕, 네덜란드의 현미경 장인 레벤후크

현미경과 망원경은 네덜란드인이 처음으로 만들었다고 알려져 있다. 이탈리아에 원정 온 네덜란드 마술단원들의 렌즈를 보고 갈릴레이가 응용하여 성능이 더 좋은 망원경을 만들었다고 한다. 네덜란드의 철학자 스피노자(Baruch de Spinoza, 1632-1677)도 유리를 갈아 렌즈를 만들어 생계를 꾸렸다니 당시 관찰과 탐사가 활발했던 시대상을 엿볼 수 있다.

여기에 소개하려는 사람은 네덜란드의 레벤후크(Antonie van Leeuwenhoek, 1632-1723)이다. 그는 포목상이었는데, 취미로 렌즈를 만들고, 그 렌즈로 작은 생명체를 관찰하고, 그 결과를 잡지에 내는 일을 평생 했다. 여러 렌즈를 겹치지 않은 단일렌즈는 배율이 고작 10~20배지만, 그가 손수 만든 단일렌즈는 배율이 무려 200배에 달했다고 한다. 그는 렌즈로 관찰한 결과를 별도의 의견 없이 그대로 논문으로 발표했는데, 지금의 Nature지에 해당하는 당대 최고의 권위지인 영국 Royal Society의 Philosophical Transactions라는 잡지에 50년 동안이나 기고했다. 가히 논문왕이라고 할 만한 전무후무한 기록이 아닐 수 없다.

훅(Robert Hooke, 1635-1703, 영국 화학자·물리학자)이 1665년에 이미 현미경으로 코르크를 관찰하고 세포를 발견하여 《마이크로그라피아(*Micrographia*)》라는 책을 출판했다. 하지만 레벤후크는 연구 목적이 아닌 호기심의 대상으로 주위의 어떤 것이든 현미경으로 들여다보았으며 그의 관찰 결과는 흥미로웠다. 심지어 그는 자신의 정액을 관찰하여 그 속에서 헤엄치는 정자들의 존재를 확인했다. 또 자신의 치석을 긁어 그 속에 벌레들이 있는 것을 관찰했고, 커피를 마신 후 다시 치석을 긁어 관찰하여 벌레가 사라진 것을 보고는 커피의 열이 벌레들을 죽인 것 같다는 소감도 덧붙였다.

나아가 레벤후크는 아프거나 썩은 치아의 치석에서는 더 많은 벌레가 관찰되었다는 보고도 했으니, 거의 세균의 존재를 알아낸 셈이다. 프랑스의 파스퇴르(Louis Pasteur, 1822-1895, 화학자·세균학자)가 정식으로 세균의 존재를 밝혀내기 백 년 전의 개가였다. 고등교육을 받지 않고도 손재주와 호기심으로 50년간 최고의 학술지에 논문을 발표한 레벤후크는 참으로 낭만적인 과학자였던 것 같다. (참고서적: *The Great Scientists*, John Farndon, 2005)

INDEX

A

A/D converter 아날로그-디지털 변환기 136
abrasion 마모, 침식 147
abscissa 가로 좌표 36
absolute value 절댓값 16
abstract 초록 201
academic paper 논문 199
acceleration 가속(도) 54
accident 사고 158, 193
accurate 정확한 202
acid 산 93
acknowledgments 감사의 말 201
acoustics 음향학 165
acronym 약자 112
active element 능동소자 137
Acts of God 천재지변 160
acute angle 예각 46
addition 덧셈 17
adjacent 인접하는 46
aerodynamics 공기역학 164
aeronautical 항공의 164
aged deterioration 경년 변화, 노화 195
aggregate 골재 146
aging 노화 195
agriculture 농업 103
AI 인공지능 119

air cargo 화물기 167
aircraft 항공기 164
aircraft carrier 항공모함 175
airfoil 항공기 날개 165
aisle seat 통로 쪽 좌석 168
alchemist 연금술사 84, 89
alchemy 연금술 84
algebra 대수학 16
allowable stress 허용응력 64
alloy 합금(하다) 82
alternating current 교류 136
alternative 대안; 대체 가능한 184
alternator 교류발전기 137
amorphous 비정질 87
ampere 암페어 136
amplifier 증폭기 137
analog 아날로그 136
analyze 분석하다 202
anatomy 해부(학) 103
anchor 닻; 닻을 내리다 177
angle of attack 받음각 165
angular velocity 각속도 54
annealing 소둔, 어닐링 85
antibody 항체 102
antipole 대척점 200
antiseismic 내진의 146

app 앱 115
appendix 별첨 201
application 애플리케이션, 앱 115
approximate 근사치인 17
approximate solution 근사해 17
aquifer 대수층 182
arbitrary 임의의 26
arc 호 46
architecture 건축학 145
area 면적 48
arithmetic series 등차급수, 산술급수 20
arithmetics 산수 16
array 배열, 어레이 113
arrival 도착 167
artificial intelligence 인공지능 111
ascending order 오름차순 18
ASCII 아스키 137
aseismatic 내진의 146
aseismic 지진이 없는 146
assess 평가하다 202
associative law 결합법칙 28
assortment 분류 106
assumption 가정 27
astronautical 우주비행의 164
asymmetric 비대칭의 39
asymptote 점근선 38
asymptotic approach 점근적 접근 202
atomic 원자력의 192
atrium 아트리움 150
attic 다락방 151

auto insurance 자동차보험 159
automobile 자동차 156
average 평균의; 평균값 26
aviation 비행 164
avionics 항공 전자 장치 166
axial symmetry 축대칭 38
axis 축 36
azimuth 방위각 146

B

backup 백업 117
bacteria 박테리아, 세균 102
ballast 바닥짐 178
bandwidth 전송 속도 138
barge 바지선 176
barometer 기압계 74
base 밑수 27
base 밑변 47
base 염기 93
basement 지하실 151
batch 일괄처리, 배치 116
batch 한 회분, 제조 단위 147
bathroom 욕실 151
bending 굽힘 63
Bernoulli's equation 베르누이 방정식 76
beta version 베타버전 117
bid 입찰(하다) 146
binary system 이진법 27

biosimilar 바이오시밀러 105
boat 작은 배 174
bodily injury 대인 상해 160
body 체 48
body force 체적력 63
body shop 차체 수리소, 카센터 158
boiling point 비등점, 끓는점 95
bonnet 보닛 156
booting 부팅 131
botany 식물학 102
boundary layer 경계층 73
bow 선수, 이물 176
brace 중괄호 27
bracket 대괄호 27
brass 황동 83
breeder reactor 증식로 194
brittle 취성의 66
brittleness 취성 65
broadband 광대역 138
bronze 청동 83
buckling 좌굴 68, 147
bug 버그 113
bulbous bow 구상선수 177
buoyance 부력 72
bus 버스 128

C

C language C언어 123
c. 대략(circa) 23
cabin cruiser 여객선 176
calculation 계산 26
cam 캠 157
camber 굽은 형태의 날개 165
cancel out 상쇄되다, 약분되다 18
canopy 캐노피 166
capacitance 커패시턴스, 전기용량 138
capacitor 축전기 138
capacity 용적 48
capacity factor 설비 이용률 192
capillary action 모세관현상 75
car 자동차 156
car insurance 자동차보험 159
car sharing 카셰어링 158
carpool 카풀을 하다 158
carpooling 카풀 158
Cartesian coordinate 직교좌표 36
cast 주조하다 83
casting 주소 83
catalyst 촉매 93
cavitation 공동현상 76
ceiling 천장 151
cellar 지하 저장고 151
center of gravity 무게중심 48
centrifugal force 원심력 56
centripetal force 구심력 56
centroid 기하중심 48
ceramic 세라믹 82
cf. 비교하라, 참조 203
charge 충전하다; 전하 136

check valve 역흐름 방지 밸브 76
chemist 화학자, 약사 89
chord 현 46
circuit 회로 137
circumference 원주 46
circumscribe 외접시키다 46
citation index 논문인용지수 201
citation 인용 201
civil engineering 토목공학 145
classical mechanics 고전역학 56
client 고객 컴퓨터 128
clock rate 클록 수 130
cloud 클라우드 118
cloud computing 클라우드 컴퓨팅 118
cockpit 조종실 166
code 코드 112
coding 코딩 112
coefficient 계수, 상수 18
collision 충돌 158
colon 콜론 203
comma 쉼표 203
commutative law 교환법칙 28
commuting 출퇴근 158
compact 다지다 147
compacting 다지기 147
compass 나침반 175
compile 컴파일, 명령어를 번역하다 112
complementary angle 여각 48
complex number 복소수 19
composite 복합재료 67, 87

comprehensive policy 종합 보험 159
compressible 압축성의 73
compression 압축 62
compressive 압축의 62
concave 오목한 39
conclusion 결론 201
condensation 축합 95
condensation 응축, 응결 185
conduction 전도 184
configuration 구성 131
congruence 합동 46
connecting rod 커넥팅 로드, 연접봉 157
connotation 암시적 의미, 코노테이션 121
console 콘솔 129
consortium 컨소시엄 146
constant 상수 38
contaminate 오염시키다 182
continuum 연속체 72
contraction 축소 49
control rod 제어봉 194
convection 대류 184
converge 수렴하다 20
convergent 수렴의 20
convert 전환시키다 136, 185
convertible 컨버터블, 오픈카 157
convex 볼록한 39
cookie 쿠키 119
coolant 냉각수 193
coordinate system 좌표계 36
coordinate 좌표 36

correspondence 대응 46
corrosion 부식 85
covalent bond 공유결합 95
CPU 중앙처리장치 126
cracker 크래커, 침입자 116
crankshaft 크랭크축 157
crash 충돌 158
creep 고온 변형 66
crew 승무원 168
crib 무단전재 201
critical point 임계점 96
cross 교차하다 40
crude oil 원유 187
cruise 순항하다 167
cruiser 순양함 176
cryobiology 저온생물학 103
crystal 결정 86
crystal lattice 결정격자 86
cube 세제곱 28
cure 양생하다 150
curing 양생 150
cursor 커서 112

D

database 데이터베이스 114
debug 디버그하다 113
debugging 디버깅 113
deceleration 감속(도) 54
decimal point 소수점 20
deck 갑판 177
decommissioning 폐로 195
decompose 분해되다 92
decomposition 분해 92
decreasing function 감소함수 37
deductible 본인 부담금 160
default 디폴트, 기본값 120
defect 결함 86
defense 학위 심사 문답 시험 200
deflection 휨, 처짐 63
deform 변형시키다 55
deformation 변형 55
deformation value 변형률 63
defragment 자료 재정리 130
defragmentation 조각 모으기 130
den 가족 공동 방 150
dendrite 수지상 결정 103
denominator 분모 28
denotation 명시적 의미, 디노테이션 121
density 밀도 95
departure 출발 167
depleted uranium 감손[열화]우라늄 194
depreciate 가치를 떨어뜨리다 146
depreciation 감가상각 146
derivative 도함수 30
desalination 염분 제거, 담수화 183
descending order 내림차순 18
desktop 탁상용 컴퓨터 126
destination 목적지 168

destroyer 구축함 176
development 전개 27
deviation 경미한 사고 193
diagonal 대각선 49
diameter 지름 49
differential 미분 30
diffusion 확산 93
digit 자리, 자릿수 20
digital 디지털 136
dilatation 확대 49
dilation 확대 49
diode 다이오드 140
direct current 직류 136
directory 디렉터리 113
directrix 준선 41
discharge 방전하다 136
disclaimer 책임 부인 201
disembarkation 하선, 입국 168
dislocation 디스로케이션 86
displacement 배수량 175
displacement 변위 54, 63
dissertation 박사학위 논문 200
dissociate 분리하다 93
dissociation 분리, 해리 93
distance 거리 54
distributive law 배분법칙 28
diurnal 주행성의 108
diverge 발산하다 21
divergent 발산의 21
divide 나누다 18

dividend 피제수 29
division 나눗셈 18, 29
divisor 제수 29
DNA 디엔에이 110
dockyard 조선소 174
domestic 국내선의 167
download 다운로드(하다) 115
draft line 흘수선 178
drag 공기 저항력 165
drag 항력 74
drainage 배수구 147
DRAM 디램, 동적 램 127
dredging 준설 147
dry cell 건전지 186
ductile 연성의 66
dustbin 쓰레기통 183
duty rating 정격용량 185
dynamic pressure 동압 72
dynamics 동역학 55

E

e.g. 예를 들면 203
ecology 생체학 102
ecosystem 생태계 102
edge 변 48
efficiency 효율 186
electric grid 전력망 186
electricity 전기 135

electron 전자 135
elimination 소거 29
embarkation 탑승, 출국 168
embryo 배아 103
embryonic 배아의 103
empirical method 경험적 방법 202
endemic 고유한; 풍토병 104
endocrine 내분비의 104
endothermic 흡열반응의 94
energy 에너지 54
engine 엔진 156
ENIAC 에니악 133
enriched uranium 농축우라늄 193
enthalpy 엔탈피 94
entity 실체 48
entomology 곤충학 105
entrance hall 현관 로비 150
entropy 엔트로피 94
environment 환경 182
enzyme 효소 104
epicenter 진앙 147
epidemic 유행성의; 전염병 104
equation 방정식, 등식 17
equilateral triangle 등변삼각형, 정삼각형 47
equilibrium 평형상태 92
equivalent stress 등가응력 64
essay 짧은 논문 200
et al. 그 외 여러 사람 203
Euler's number 오일러 수(e) 32

eutectic 공정 86
eutectoid 공석 86
eutectoid steel 공석강 86
evaluate 평가하다 202
evaporation 증발 184
even number 짝수 16
excavation 굴착 148
excavator 굴착기 148
excretion 배설 108
exocrine 외분비의 104
exothermic 발열반응의 94
experimental method 실험적 방법 202
exploitable deposit 가채매장량 186
exponent 지수 29
exponential increase 기하급수적 증가 202
extension 확장자 113
external combustion engine 외연기관 156

F

face 면 48
factorization 인수분해 17, 27
factorize 인수분해하다 17
family room 가족 공동 방 150
FAQ 자주 묻는 질문 117
fatigue 피로 66, 85
fermentation 발효 94
fetus 태아 104

Fibonacci sequence 피보나치 수열 23
field 장 57
figure 그림, 도표 201
fireplace 벽난로 151
firewall 방화벽 119
fissile material 핵분열성 물질 195
fixed wings 고정익 165
flap 플랩 166
flash memory 플래시메모리 127
fleet 함대 175
flight 비행 164
flow 유동 72
flow rate 유량률 74
fluid 유체 72
fluid dynamics 유체역학 164
fluorescent 형광등의 185
flux 플럭스, 유량 74
focus 초점 40
folder 폴더 113
forge 대장간; 벼리다 83
forging 단조 83
format 포맷(하다) 118
FORTRAN 포트란 123
fossil fuel 화석연료 187
foundry 주물 공장 83
Fourier series 푸리에 급수 79
foyer 현관, 로비 150
fraction 분수 19, 28
free body diagram 자유물체도 62
freeware 프리웨어 115
freight 화물 148
frequency 빈도 29
fresh water 담수 174
friction 마찰 57
frigate 전투함 176
full coverage 종합 보험 159
fuselage 항공기 동체, 기체 166

G

garbage 쓰레기 183
GB 기가바이트 127
gene 유전자 105
general relativity 일반상대성이론 56
generic drug 복제약 105
genetics 유전학 105
geometric series 등비급수, 기하급수 20
geometry 기하(학) 45
geothermal 지열의 187
gland 선, 샘, 분비기관 104
glossary 용어 (해설) 200
glucose 포도당 107
go-show 고쇼 168
golden ratio 황금비 23
GPU 그래픽 처리장치 126
gradient 구배 75
graph 그래프 35
gravity 중력 54
greenhouse effect 온실효과 182

ground water 지하수 182
GUI 그래픽 사용자 인터페이스 114

H

habitat 서식지 102
hacker 해커 116
half life 반감기 193
haptic 촉각의 120
harbor 항구 178
hard disk 주기억장치 126
hard drive 주기억장치 126
hardness 경도 65
hardware 하드웨어 125
head loss 수두 손실 74
hearth 벽난로 151
heat sink 열 흡수원 139
heat transfer coefficient 열전달계수 75
heat treatment 열처리 84
heavy water reactor 중수로 194
height 높이 47
hexagon 육각형 47
hexahedron 육면체 47
histogram 막대그래프 41
histology 조직학 105
hood 후드 156
hoop stress 후프응력 67
horizontal axis 수평축 36
HTML 하이퍼텍스트 기술용 언어 118
hull 선체 177

hydraulic 수력의, 수압의 187
hydrolysis 가수분해 96
hyperbola 쌍곡선 38
hypocenter 진원 147
hypotenuse 빗변 47

I

i.e. 즉 203
IC 집적회로 139
icebreaker 쇄빙선 175
icosahedron 20면체 52
IEEE 전기·전자기술자협회 140
immunity 면역 105
immunology 면역학 105
impact 충격 54
impedance 임피던스 138
imperial system 영미 단위 20
improper fraction 가분수 19
impulse 충격량 54
incandescent 백열등의 185
incident 고장 193
incompressible 비압축성의 73
increasing function 증가함수 37
inductance 인덕턴스 138
inductor 유도자 138
inequality 부등식 17
inert gas 불활성 가스 92
inertia 관성 55
inertial frame (of reference) 관성계 56

infinite 무한한 21
infinitesimal 무한소 21
infinity 무한대 21
inflection 변곡점 39
ingot 주괴 83
inscribe 내접시키다 46
insert 대입하다 18
insertion 대입 18
insulation 단열 185
insurance premium 보험료 159
insurer 보험회사 159
integer 정수 19
integral 적분 30
intercept 절편 37
internal combustion engine 내연기관 156
international 국제선의 167
internet 인터넷 117
intersection 교차점 40
intestine 장, 창자 108
intranet 인트라넷 117
introduction 서론 201
inverse 역 49
inverse function 역함수 49
inversely proportional 반비례의 29
invertebrate 무척추동물의 105
invited paper 초청 논문 201
iron 철 82
irrational number 무리수 19
irrigation 관개 182

isosceles triangle 이등변삼각형 47
isotope 동위원소 106
iteration 반복법 17

J

jargon 전문용어 200
JFET 제이펫 141
junction 접합 140

K

kerosene 등유 187
keyword 주요 용어 201
kinematic viscosity 동점성 73
kinematics 기구학 55
kinetics 역학 55
knot 노트 174

L

laminar flow 층류 73
LAN 근거리통신망, 랜 114
landing 착륙 169
laptop 휴대용 컴퓨터 126
larva 유충, 애벌레 106
lattice 격자 86
law of conservation of mass 질량보존의 법칙 98

LCD 액정 화면 131
leakage 누설 75
LED 발광 다이오드 140
levee 제방, 둑 148
liability coverage 책임 보상 범위 159
life expectancy 수명 148
lift 양력 165
ligament 인대 106
light water reactor 경수로 194
limb 사지, 수족 108
line segment 선분 49
linear 선형의, 직선의 37, 141, 202
linear function 선형함수 37
linear velocity 선속도 54
lipid 지질, 지방질 106
littoral 연안의 148
living organism 생명체 101
living room 거실 150
load 하중 63
load 부하 185
lobby 로비 150
locus 궤적 40
logic gate 논리 게이트, 논리회로 139
lounge 라운지 150
lubrication 윤활 77

maiden flight 처녀비행 167
mammal 포유동물 106
maneuver 조종(하다) 167
material 재료 82
matter 물질 82
MB 메가바이트 127
mean 평균의; 평균값 26
median 중앙값 26
melting point 용융점, 녹는점 95
membrane 막막 107
memory 메모리 126
metabolism 신진대사 104
metal 금속 82
metathesis 치환 94
meteorology 기상학 184
metric system 미터 단위 20
mitigate 완화시키다 202
moderator 감속재 194
module 모듈 129
modulus of elasticity 탄성계수 64
modulus of rigidity 전단탄성계수 64
moment of inertia 이차모멘트, 관성모멘트 67
momentum 운동량 54
moor 정박하다 177
MOSFET 모스펫 141
motherboard 기판 130
motion 운동 53
motor 모터 156
motor vehicle 자동차 156

M

machining 기계 가공, 절삭 84

multiplication 곱셈 18
multiply 곱하다 18
multiprocessing 다중처리 115
multitasking 다중작업 115

N

Napier's constant 네이피어 상수 32
natural number 자연수 16
nausea 뱃멀미 178
nautical mile 해리 174
Navier-Stokes equations 나비에-스토크스 방정식 76, 79
navigation 항해 174
necessary condition 필요조건 202
negative number 음수 26
noble gas 불활성 가스 92
nocturnal 야행성의 108
non-linear 비선형의 202
normal line 법선 41
no-show 노쇼 168
notebook 노트북 126
nuclear 원자력의 192
nuclear event scale 원자력 사고 고장 등급 193
nuclear fuel 원자력 연료 192
nuclear power 원자력 191
nuclear safeguards 원자력 안전보장조치 196
nucleus 핵 104

numerator 분자 28

O

oar 노 174
object-oriented programming 객체지향프로그래밍 123
obtuse angle 둔각 46
odd number 홀수 16
oncology 종양학 107
open-circuit 개회로의; 개방회로 139
operating system 운영체계 112
operation 연산 26
opposite 반대편의 46
orbit 궤적 57
order 순서 18
ordinate 세로 좌표 36
ore 원석 83
origin 원점 36
ornithology 조류학 103
osmosis 삼투성 107
overwrite 덧쓰다, 겹쳐 쓰다 116
oxidation 산화 95

P

paddle 노 174
paleontology 고생물학 108
pantry 식품 저장실 151

paper 논문 200
parabola 포물선 38
parallel 평행한 40
parallelogram 평행사변형 47
parameter 인수 40
parasite 기생충 107
parenthesis 소괄호 27
parlor 응접실 150
passive element 수동소자 137
patch 패치 118
patent 특허 200
pathology 병리학 107
peak 최고치 39
pellet 펠릿 195
perimeter 둘레 46
period 마침표 203
periodic table 주기율표 98
peripheral 주변적인; 주변기기 129
perpendicular 수직의 40
phase 상 82
photosynthesis 광합성 103
photovoltaic 광전지의, 광발전의 186
piracy 저작권 침해 201
piston 피스톤 156
pixel 픽셀, 화소 129
plagiarism 표절 201
plan 평면도 48
plane 평면 48
plastic 소성의 65
plasticity 소성, 가소성 65

plateau 플래토 39
plug and play 플러그 앤드 플레이 118
plunge 급락하다 40
point symmetry 점대칭 38
Poisson's ratio 포아송 비 64
Polar coordinate 극좌표 36
policy holder 보험 가입자 159
policy number 보험 가입자 회원 번호 159
pollution 공해 182
polygon 다각형 48
polyhedron 다면체 48
polymer 폴리머 83
porosity 공극률 149
port 포트 130
port 항구 178
portside 좌현 177
positive number 양수 26
power 승, 멱 28
precession 세차 57
precipitation 석출, 침전 86
precipitation 강우, 강설, 강수량 184
precise 정밀한 202
pressure 압력 62
pressure drop 압력 강하 74
prime number 소수 16
principal stress 주응력 66
prism 각기둥 49
product 곱 18
programming language 프로그래밍 언어 123

progression 수열 20
proper fraction 진분수 19
property damage 대물 피해 160
proportional 비례하는 29
propulsion 추진, 추진력 164
protein 단백질 107
protocol 프로토콜 114
pyramid 각뿔 49

Q

quadrant 사분면 47
quadratic 이차의 29
quadrilateral 사변형 47
qualitatively 정성적으로 53
quantitatively 정량적으로 53
quantum mechanics 양자역학 56
quarry 채석장 149
quartile 사분위수 27, 47
quay 선착장, 부두 149, 178
quenching 담금질 84
quotation 인용 203
quotation mark 인용 부호, 따옴표 203
quotient 몫 29

R

radiation 복사 185
radiation 방사선 192
radiation dose 방사선 노출량 192
radiation exposure 방사선 노출량 192
radioactive 방사성의, 방능의 192
radioactive waste 방사능 폐기물 195
radius 반경 49
raft 뗏목 174
RAM 램 127
random 무작위의 26
range 범위 37
ratio 비율 28
rational number 유리수 19
ray 광선 49
reaction 반응, 반작용 92
reactor 원자로 192
reagent 시약 92
reception room 응접실 150
reciprocal 역수 49
reclamation 개간, 간척 149
rectangle 직사각형 47
reduction 환원 95
redundancy 잉여 67
reference 참고문헌 201
refractory 내화재 87
register 레지스터 129
regular polygon 정다각형 48
regular triangle 정삼각형 47
regulatory body 규제 기관 196
relax 완화하다 202
reliable 믿을 수 있는 202
relieve 완화하다 202

remainder 나머지 29
renewable 재생 가능한 184
resilient 회복력 있는 202
resistance 전기저항 138
resistor 저항기 138
resonance 공진 139
Reynolds number 레이놀즈 수 74
rheology 점성유체학 75
rhombus 마름모 47
Richter magnitude scale 리히터 지진계, 릭터 규모 190
right angle 직각 46
right triangle 직각삼각형 47
robust 튼튼한 120
rolling 압연 84
ROM 롬 127
root 근, 해 17
rotating wings 회전익 165
rotation 회전이동 41
round 반올림 19
round up 사사오입하다 19
rubbish 쓰레기 183
rudder 방향타, 키 166, 177
rust 녹 85

S

sail 항해 174
sailing vessel 범선 176
saline water 해수 174
salinity 염도 183
salt water 해수 174
saturate 포화시키다 41
saturated 포화된 202
saturation 포화 41, 92
scaffold 비계 149
scale 눈금, 척도 36
scalene triangle 부등변삼각형 47
SCI 과학인용색인 201
screening 체로 치기, 선별 149
seasickness 뱃멀미 178
secretion 분비 108
sedan 세단 157
sedimentary 퇴적작용의 187
seismic 지진의 146
self-driving car 자율주행차, 무인자동차 160
semantics 의미론, 기호론 121
semicolon 세미콜론 203
semiconductor 반도체 83
sequence 수열 20
series 급수 20
server 서버 컴퓨터 128
set 집합 29
settlement 침하 148
sewage 하수 183
shareware 셰어웨어 115
shear stress 전단응력 66
ship 큰 배 174
shipwreck 난파선 178

shipyard 조선소 174
short-circuit 단락; 단락이 생기다 139
shutdown 운전 정지 194
side 면, 변 48
Sievert 시버트 195
similarity 닮음 46
simulation 시뮬레이션, 모의실험 117
sintering 소결 85
slope 기울기 37
slot 슬롯 131
smart grid 스마트 그리드 186
software 소프트웨어 111
solar cell 태양전지 186
solar system 태양계 57
solid 고체 48
solid mechanics 고체역학 62
solid solution 고용체 86
solute 용질 92
solution 답, 해 17
solution 용액 92
solvent 용매 92
spacecraft 우주선 164
special relativity 특수상대성이론 56
specific heat 비열 95
speed 속력 54
spherical coordinate 구좌표 36
Sputnik 스푸트니크 70
square 제곱 28
square 정사각형 47
square root 제곱근 28

SRAM 에스램, 정적 램 127
stakeholder 이해 당사자 188
standard deviation 표준편차 26
starboard 우현 177
startup 운전 개시 194
static pressure 정압 72
statics 정역학 55
station wagon 스테이션왜건 157
steady state 정상 상태 77
stealth 스텔스 167
steamboat 증기선 176
steel 강 82
stern 선미, 고물 176
stiffness 강성 65
stir 교반하다, 휘젓다 96
stockholder 주주 188
Stokes' theorem 스토크스의 정리 79
stopover 단기 체류 168
strain 변형 55
strain hardening 변형[가공] 강화 65
strain value 변형률 63
streamline 유선 72
strength 강성 65
stress 응력 55, 63
stress concentration 응력집중 66
submarine 잠수함 175
submission 제출 200
subset 부분집합 29
subsidence 침하 148
subsonic 아음속 165

221

substance 물체 82
subtraction 뺄셈 18
sufficient condition 충분조건 202
summary 요약 201
summation 더하기 17
superposition 중첩 68
supersonic 초음속의 165
supplementary angle 보각 48
surface 표면 48
surface force 표면력 63
surface tension 표면장력 75
surface treatment 표면처리 85
surge 서지 76, 141
surroundings 주위환경 182
survey 측량(하다) 150
suspended 떠 있는 93
suspension 서스펜션, 현탁액 93
sustainable 지속 가능한 184
symmetric 대칭적인 38
synthesis 합성, 종합 93
synthetic 합성의 93

T

table 표 201
take off 이륙하다 168
takeoff 이륙 168
tamp 다져 넣다 147
tamping 다지기 147
tangent line 접선 41

tangent 접선 37
taxiing 지상 주행 169
tempering 풀림, 템퍼링 84
template 견본, 양식 201
tender 입찰(하다) 146
tendon 힘줄 106
tensile 인장의 62
tension 인장 62
tensor 텐서 62
term 항 26
terminology 용어 200
tesla 테슬라(T) 144
tetrahedron 사면체 47
the former 전자 203
the latter 후자 203
thesis 석사학위 논문 200
threshold 한계점 202
threshold value 한계치 202
tidal power 조력 186
Timoshenko Medal 티모센코 메달 70
title 제목 201
toilet 화장실 151
tonnage 용적 톤 수 175
torque 회전력 63
torsion 비틀림, 염전력 63
toughness 인성 65
trade-in 되팔고 사기 158
trade-off 되팔고 사기 158
traffic congestion 교통 정체 158
traffic jam 교통 정체 158

trajectory 궤적 57
transducer 변환기 141
transform 변형시키다 185
transformation 변환 185
transformer 변압기 141
transient state 과도 상태 77
transistor 트랜지스터 140
transit 통과, 환승 168
translation 직선이동 41
transpiration 증산, 땀이 남 183
trapezoid 사다리꼴 47
trash can 쓰레기통 183
treatise 논문 200
trend 경향 39
triangle 삼각형 47
tribology 마찰공학 85
trigger 방아쇠; 방아쇠를 당기다 120
truncate 절사하다, 버림하다 20
truncation 절사, 버림 20
turbulent flow 난류 73
Turing test 튜링테스트 120

U

unit 단위 20, 37
update 업데이트; 갱신하다 119
upgrade 업그레이드; 개선하다 119
upload 업로드(하다) 115
UPS 비상 전원 배터리 129
urbanization 도시화 183

V

valence electron 가전자 94
validate 입증하다 202
variable 변수 38
vector 벡터 55, 62
vehicle insurance 자동차보험 159
velocity 속도 54
verify 확인하다 202
vertex 꼭짓점 38
vertical axis 수직축 36
vessel 선박 174
virtual memory 가상 메모리 128
virtual reality 가상현실 119
virtual work 가상일 67
virus 바이러스 102, 116
viscosity 점성 73
vitrification 유리화 196
volatile 휘발성의 128
volt 볼트 136
voltage 전압 136
volume 체적 48
vortex 소용돌이, 와류 73
VR 가상현실 119

W

waste 쓰레기 183
waste water 하수 183
water resource 수자원 182

water scarcity 물 부족 182
waterline 흘수선 178
wave 파, 파동 76
wharf 선착장, 부두 149, 178
wind power 풍력 187
wind tunnel test 풍동 실험 164
window seat 창가 좌석 168
windshield 앞 유리 156
wizard 마법사 116
WORM 읽기 전용 기록 장치 130

Y

yield stress 항복응력 64

Z

zoology 동물학 102